김병천의
영어를 한글처럼
술술해석

김병천의 영어를 한글처럼 술술해석

초판 1쇄 인쇄 2014년 02월 14일
초판 1쇄 발행 2014년 02월 20일

지은이	김 병 천
펴낸이	손 형 국
펴낸곳	(주)북랩
출판등록	2004. 12. 1(제2012-000051호)
주소	서울시 금천구 가산디지털 1로 168, 우림라이온스밸리 B동 B113, 114호
홈페이지	www.book.co.kr
전화번호	(02)2026-5777
팩스	(02)2026-5747

ISBN   979-11-5585-146-3 13740(종이책)
        979-11-5585-147-0 15740(전자책)

이 책의 판권은 지은이와 (주)북랩에 있습니다.
내용의 일부와 전부를 무단 전재하거나 복제를 금합니다.

이 도서의 국립중앙도서관 출판시도서목록(CIP)은 서지정보유통지원시스템 홈페이지(http://seoji.nl.go.kr)와
국가자료공동목록시스템(http://www.nl.go.kr/kolisnet)에서 이용하실 수 있습니다.
(CIP제어번호 : 2014004513)

김병천의
영어를 한글처럼

술술해석

김병천 지음

book Lab

지난 수개월 동안 부산, 경남, 대구 등 시·도 학부모지원센터에서 요청한 강의를 하면서 가장 많이 받은 질문 중 하나가 강의 내용이 언제 책으로 나오느냐는 것이었다. 해석의 새로운 패러다임을 소개한 강의를 들은 학부모들이 강의 내용을 책으로 보고 싶다는 요청을 하는 경우가 많았다.

영어해석을 영어문장의 진행방향과 같은 방향으로 해석을 하는 방법을 소개한 "우리 아이, 영어 한글처럼 읽도록 지도하기" 강의의 결과는 정말 놀라웠다. 참여한 학부모의 평균 만족도가 최상의 만족도인 '정말 만족한다'를 기준으로 약 90%에 육박했고 특히 경남 김해 지역에서는 참석한 학부모 모두가 100% 최상의 만족도를 나타냈다. 학부모지원센터 직원들은 이런 결과는 거의 나오지 않는다고 하면서 자신들도 놀라는 눈치였다. 요즘 학부모들이 워낙 까다로워 학부모를 대상으로 한 강의에서 높은 만족도가 나오기는 쉽지 않다고 한다.

높은 만족도를 받을 수 있었던 강의의 비결은 과연 무엇일까? 여러 가지 이유가 있겠지만 가장 큰 이유는 영어해석의 접근 방식의 새로운 시도에 있다고 할 수 있다. 기존의 영어해석과는 달리 영어문장과 한글해석이 같은 방향으로 진행하는 해석법은 지금까지 딱히 영어교육에 해결점이 없었던 학부모들에게는 영어에 대한 새로운 대안이 될 수 있다는 확신을 주었기 때문이라고 생각된다.

수업에 참석한 학부모들은 다음과 같은 질문을 많이 한다. "선생님, 아이들을 어느 학원에 보내야 하나요?" 아니면 "어떤 종류의 영어책을 읽혀야 하나요?" 학부모 입장에서는 자녀를 이 학원, 저 학원 보내도 딱히 해결점이 보이지 않아서일 수도 있고, 가령 학원을 보내지 않는다고 하더라도 집에서 어떤 종류의 영어책으로 자녀를 지도할지도 고민이 아닐 수 없었기 때문에 나온 질문일 것이다.

이 질문에 나는 항상 다음과 같이 대답한다. "영어는 어느 학원, 어느 책의 문제가 아니라 '어떻게 읽는가'라는 문제가 중요합니다." 지금까지 우리가 고민하지 않았던, 아니면 고민을 했더라도 해결점이 없었던 영어해석의 새로운 해석방법만이 학부모의 어려움을 해결할 수 있다는 의미에서 한 말이다.

이런 학부모들에게 본인이 강의한 "우리 아이, 영어 한글처럼 읽도록 지도하기"는 사막의 오아시스처럼 사막을 건너가다 만난 시원한 물이 아닐 수 없었다는 말이다. 강의를 들은 학부모들은 "심 봉사가 눈 뜬 기분(부산 학부모)", "영어의 두려움을 한 방에 날려준 특별한 강의(경남 김해 학부모)", "쇼킹한 강의(대구 학부모)"라는 표현을 쓸 정도로 본인들에게는 평생에 들어보지 못한, 이 세상에는 없었던 영어강의를 들었다는 평가를 보내 주었다.

이러한 강의 평가를 보내주신 학부모들께 감사드리며, 이에 보답하고자 영어에 대한 보통의 능력으로도 자녀의 영어를 지도할 수 있게 하고, 영어공부의 답을 찾지 못한 대한민국의 모든 분들의 영어 학습을 위해 강의 내용을 정리하여 책으로 출간하고자 한다.

이 책의 구성은 다음과 같다. 제1장 "이 세상에 있던 영어"에서는 우리가 지금까지 영어를 잘 할 수 없는 이유가 되는 영어문장의 진행순서와 반대방향으로 영어를 해석하게 된 원인을 분석하고, 제2장 "이 세상에 없던 영어"에서는 영어와 한글의 공통점을 찾아 영어문장의 진행방향과 같은 방향으로 해석할 수 있다는 점을 보여준다. 제3장 "영어문장 형식에 따른 술술해석법"에서는 영어문장 1형식에서 5형식을 영어문장의 방향과 같은 방향으로 해석하는 방법을 소개하고, 제4장 "영어문법에 따른 술술해석법"에서는 관계사, 부정사, 분사 등 우리가 지금까지 어렵게만 배웠던 문법들을 영어문장의 진행방향과 한글해석이 같아지도록 하는 방법을 설명한다. 마지막으로 제5장 "실전해석"에서는 다양한 영어문장에 술술해석을 적용하는 방법을 소개한다.

이 책이 여러분들의 영어에 대한 자신감을 높여 여러분들이 직접 아이를 가르칠 수 있도록 하는 계기가 되고, 영어를 한글처럼 술술 읽고 싶어 하는 모든 분들에게 유용한 정보가 될 수 있기를 바란다.

마지막으로 이 책이 완성되는 데 조언을 아끼지 않은 나의 아내와 아들, 딸 그리고 특별히 바쁜 일정에도 영어감수를 맡아준 나의 친구 Billionaire Rhee, Frances McAdam에게 특별한 감사를 보낸다.

Contents

시작하며   04

제1장
이 세상에 있던 영어
09

1. 영어공부, 그동안 효과가 있었는가?   10
2. 영어공부, 무엇이 문제였는가?   12
3. 기존에는 영어를 한글순서로 찢어서 해석했다   15
4. 우리는 영어를 해석하지 않고 번역을 해   19
5. 영어를 해석할 때 왜 문장 끝까지 읽어야만 할까?   21
6. 영어를 거꾸로 해석하면 영어 학습이 어려워져   23
7. 영어는 외워서 되는 과목은 아니다   25
8. 우리의 영어 가능성은 생각보다 커   27
9. 과연, '새로운 방법'은 있을까?   30

제2장
이 세상에 없던 영어
33

1. '영어를 한글처럼' 특허 출원 배경   34
2. 한글과 영어는 공통점이 있다   36
3. 영어는 쉬운 언어다   39
4. 영어와 한글의 수식어와 연결어의 차이점 이해   42
5. 새로운 영어해석은 듣기와 말하기를 쉽게 한다   44

제3장
영어문장 형식에 따른 술술해석법
49

1. 기본 원리   50
   가. 1형식   59
      – 연습문제   65
   나. 2형식   68
      – 연습문제   72
   다. 3형식   75
      – 연습문제   81
   라. 4형식   84
      – 연습문제   90
   마. 5형식   94
      – 연습문제   101

제4장
영어문법에 따른 술술해석법
105

1. 관계사 — 108
   - 가. 관계대명사 주격 — 109
   - 나. 관계대명사 목적격 — 116
   - 다. 관계부사 — 117
   - 연습문제 — 119
2. 수동태 — 123
   - 연습문제 — 127
3. 부정사 — 130
   - 연습문제 — 136
4. 분사 — 139
   - 가. 현재분사 — 139
   - 나. 과거분사 — 142
   - 연습문제 — 145
5. 접속사 — 149
   - 연습문제 — 157
6. 가주어 — 161
   - 연습문제 — 163
7. 전치사 — 166
   - 연습문제 — 176
8. 부정의 뜻을 가진 동사 — 180
   - 연습문제 — 183

제5장
실전해석
187

마치며 — 197

연습문제 정답 — 198

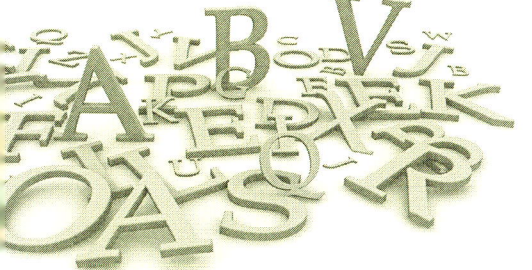

제1장
이 세상에 있던 영어

1 영어공부, 그 동안 **효과가 있었는가?**

한국에서 보통의 영어공부 기간은 약 10년 정도이다. 학부모 세대는 중학교 3년, 고등학교 3년, 대학교 4년을 합하면 약 10년 정도이지만 지금 학교를 다니고 있는 학생들의 경우는 초등학교 3학년부터 영어공부를 시작하기 때문에 초등학교부터 대학교까지 총 14년을 공부한다.

이렇게 많은 시간과 경비를 투자하고 있지만 과연 우리의 영어 공부 결과는 어떤가? 여러분들이 기대한 만큼의 결과가 나타났는가? 결론적으로 말하면 아주 참담하다고 할 수 있다. 이런 결과를 멀리서 찾을 필요가 없다. 바로 여러분들 자신의 영어실력이나 여러분들 자녀들의 현재 영어능력을 보면 알 수 있다.

여러분과 여러분들의 자녀들은 외국인과 영어로 편안히 소통할 수 있는가? 여러분과 여러분들의 자녀들은 배운 영어로 자신이 생각하는 바를 영어로 쓸 수 있는가? 여러분들과 여러분들의 자녀들은 외화를 자막 없이 편안하게 볼 수 있는가?

앞의 질문에 한 가지라도 "그렇다."라고 자신 있게 대답할 수 있는 사람들은 그리 흔하지 않을 것이다. 그렇게 오랜 기간 동안 영어를 공부했는데 왜 이런 실망스런 결과가 나왔을까?

실망스런 결과의 책임은 누구에게 있는가? 나의 역량부족일까? 아니면 좋은 교재나 좋은 영어 선생님이 없어서일까?

결과가 좋지 않으니 이런 저런 생각이 든다. 지금까지 죽어라 공부했는데도 잘 되지 않았던 영어를 어떻게 해야 이 문제를 해결할 수 있을까? 부모인 나는 그렇다고 하더라도 나의 자녀도 똑같은 고통을 당하진 않을까? 앞으로 얼마나 많은 돈을 아이들의 영어공부에 쏟아 부어야 하는가? 이런 저런 고민에 앞이 보이지 않는다.

필자의 생각으로는 지금까지 우리는 영어 학습에 대해 해 볼 만큼 해 보았다는 생각이 든다. 수많은 영어 전문가들이 영어 학습의 문제점을 지적하고 개선하려고 여러 가지 시도를 해 보았다.

학교에서는 학생들에게 외국인과의 노출기회를 확대하기 위해 원어민 영어교사를 투입하고, 학생들 간에 영어로만 이야기할 수 있도록 하는 영어전용 지역(English Only Zone)을 만들었다.

교육청 차원에서는 영어를 말하는 지역의 환경과 유사한 영어마을을 개관하여 학생들에게 다양한 영어체험을 할 수 있도록 했고, 영어도서를 손쉽게 이용할 수 있도록 영어도서관도 설치를 했다.

비단 국가만이 나서서 영어교육을 향상시키려고 한 것은 아니다. 우리 학부모들은 학부모들 나름대로 고통스러운 투자를 하고 있다. 우리 아이들의 영어만큼은 부모처럼 되지 않도록 하기 위해 최대한의 투자를 한다.

아이가 어릴 때는 영어동화책을 구입해 주고, 유치원은 영어유치원에 초등학교부터 고등학교까지는 학원과 과외 등으로 모든 방법을 동원한다. 굳이 다 열거하지 않더라고 여러분들이 지금까지 부모로서 어떻게 해 왔는지를 생각해 보면 잘 알 수 있을 것이다.

이런 노력에도 우리 자녀들은 주니어 영어소설도 제대로 읽지 못하고 원어민을 보면 피하며, 영어일기를 쓰는 것은 엄두도 내지 못한다. 우리 아이들이 부모와 똑같은 과정을 밟고 있다는 생각이 든다.

그러면 엄청난 투자에도 이러한 결과가 나온 것은 무엇 때문일까?

2. 영어공부, 무엇이 문제였는가?

그 동안의 영어공부에 투자한 시간과 경비에 비해 참담한 결과를 가져온 원인은 무엇일까? 도대체 뭐가 문제였는데 영어공부 역사 60년간 이 문제가 해결되지 않고 있는 것일까? 지금까지의 투자가 부족했는가?

필자의 생각으로는 이제 영어 학습에는 투자할 만큼 투자했다고 본다. 영어도서관, 원어민 교사, 영어전임 강사, NEAT 등 국가적으로 개인적으로 수많은 영어능력향상 프로젝트에 막대한 투자를 했지만 결과는 투자만큼 나오지 않은 것이 사실이다.

이제는 더 이상 방법이 없을까? 아무리 많은 투자를 해도 아무리 새로운 프로그램을 만들어도, 아무리 많은 원어민을 투입해도 결과는 외국인과 대화하지 못하고, 영어소설도 즐기지 못하는 결과는 별로 달라 보이지 않는다.

영어 학습의 문제점에 대한 학부모들의 원인 분석도 크게 다르지 않다는 것이 학부모지원센터 강의에서도 나타난다. 학부모들은 자신들이 지금까지 자녀들을 위해 시도한 방법에 대해 별다른 효과가 없다는 점을 인정하면서 자녀 영어 학습에 대해 다음과 같은 공통적인 질문을 한다.

"어느 학원에 가야 하는가?"
"어느 영어 책으로 공부를 해야 하는가?"

자녀의 영어공부에 가슴이 답답한 학부모들에게는 당연한 질문이라고 생각을 하지만 지금까지 뚜렷한 해답이 없었다. 우리나라에 학원이 적은가? 우리나라에 영어 학습지가 적은가? 전혀 그렇지 않다. 넘쳐나는 것이 영어학원이고, 발에 차이는 것이 영어 학습에 관한 도서이다.

우리는 지금까지 성규교육을 받고 나서도 영어가 잘 되지 않는 원인을 외부에서 찾아 그 문제를 해결하려고 노력했다. 학교에 원어민 교사가 없어서 학생들의 영어 소통능력이 떨어진다고 생각해서 전 학교에 원어민교사를 배치했고, 학교마다 영어로만 이야기할 구역이 없어 영어전용지역을 만들었고, 영어동화 등 영어 관련 서적이 부족해서 다투듯이 영어도서관을 개관했고, 심지어는 영어로만 생활해야 한다고 해서 영어마을을 만들기도 했다.

이제 더 이상 무엇을 공급하고 짓고 해야 이 문제가 해결되겠는가?

필자는 이 문제에 대해 다음과 같은 견해를 가지고 있다. 우리는 지금까지 영어 학습에 접근할 때 하드웨어(hardware)적으로만 접근했을 뿐 소프트웨어(software)적인 측면에서는 접근해 보지 않았다.

여기서 하드웨어라고 하는 것은 컴퓨터로 비교했을 때 컴퓨터의 종류, 컴퓨터 메모리 용량 등 외부적인 환경을 이야기하는 것이고 소프트웨어라고 하는 것은 컴퓨터에서 활용할 수 있는 프로그램에 해당한다.

우리의 영어 학습에서 하드웨어는 학부모들이 질문하는 어느 학원, 어떤 책이 해당되고, 학교에서는 원어민교사, 영어전용교실, 영어도서관 등이 해당된다.

그러면 영어 학습에서 소프트웨어는 무엇일까? 영어 학습에서 소프트웨어는 영어문장을 "해석하는 방법"을 의미한다고 할 수 있다.

생각해 보자. 영어공부 60년사에서 영어공부가 시작된 이후로 엄청나게 많은 투자가 이루어진 하드웨어 측면의 공급과는 달리 소프트웨어 측면에서는 변하지 않은 것이 하나 있다.

> ✓ 필자가 공부했던 70년대나 지금 공부하고 있는 2000년대나 변하지 않은 것은 "영어해석의 방식"이다.

우리는 영어를 해석할 때 어느 방향으로 하고 있는가? 흔히 이야기하는 말로 영어를 거꾸로 뒤에서부터 해석한다고 한다. 좀 더 구체적으로 설명하면 우리가 영어를 해석할 때 영어가 쓰인 방향인 왼쪽에서 오른쪽으로 해석하는 것이 아니고 영어문장의 진행방향과는 반대방향인 오른쪽에서 왼쪽으로 해석을 하고 있다.

- 영어가 쓰인 방향: 왼쪽 → 오른쪽
- 해석을 하는 방향: 오른쪽 → 왼쪽

왜 우리는 영어를 해석할 때 영어문장의 진행방향과 반대방향으로 해석하는 것에 대해 지금까지 단 한 번도 의문을 제기하지 않았을까? 정말 영어문장의 진행과는 반대방향으로 해석하는 것이 영어해석을 하는데 유일한 방법일까? 영어문장의 진행방향과 같은 방향으로 해석을 하는 방법은 없을까?

그러면 새로운 영어해석 방법을 소개하기 전에 기존의 해석방법에 어떤 문제가 있었는지 한 번 살펴보기로 하자.

3 기존에는 영어를 한글순서로 찢어서 해석했다

기존의 영어해석 방법을 자세히 살펴보면 특징이 하나 있다. 영어문장을 해석할 때 영어문장의 진행순서를 무시하고 한글순서에 맞춰 해석을 하고 있다는 점을 발견할 수 있다. 즉, 영어를 한글순서에 맞춰 영어문장을 찢어서 해석한다는 뜻이다.

다음 문장으로 예를 들어보자.

"I go to school."

이 문장은 한글로 해석을 하면 다음과 같다.

"나는 학교에 간다."

질문이 생긴다. 과연 영어문장의 순서에 따라 한글해석이 되었는가? 진행방향을 도표로 보자.

```
 I      go     to school.
 ↑      →      →      ↓
 ①      ③      ←      ②
 나는    학교에    간다.
```

영어문장의 진행과 한글해석의 방향은 같지 않다.

- 영어문장 진행방향: I → go → to school
- 한글해석 진행방향: I(나는) → to school(학교에) → go(간다)

영어문장의 진행순서와 한글해석이 같지 않은 이유는 무엇일까? 이유는 다음과 같다.

우리는 영어를 해석할 때 영어문장의 진행방향으로 한글해석을 하는 것이 아니고 영어를 한글 순서로 재배치한 후 해석을 하는 것이다.

위의 예문 기존 해석 순서는 다음과 같다.

- 1단계: "I go to school." 을 읽고,
- 2단계: 문장을 "I to school go."순으로 배치한 후,
- 3단계: "나는 학교로 간다."로 해석

그러면 왜 영어문장을 한글해석 순서에 맞춰 재배치하여 해석하는 것일까?

한글 순서에 맞춰 영어문장을 찢어서 한글해석을 하는 이유는 우리의 모국어가 한글이기 때문이다. 한글이 모국어이기 때문에 한글에 맞춰서 영어를 해석하는 것이 더 편하기 때문이다. 어떻게 보면 이상할 것이 없다고 생각한다. 지금까지 그렇게 하는 방법이 자연스럽다고 생각해왔기 때문이다.

그러나 영어문장을 한글 순서에 맞춰 재배치해서 해석을 하게 되면 영어 본래의 문장을 훼손하게 되고 영어문장의 당초 순서가 완전히 무시되게 된다.

이런 방식으로 영어문장을 해석하게 되면, 해석 그 자체는 우리말의 표현이므로 이해를 하는데 문제가 없다. 그렇지만 우리가 영어로 말을 하거나 영어로 글을 적을 때는 우리말 순서대로 영어를 표현하기 때문에 문제가 된다.

이 문제는 어른들이 영어를 잘 못하는 원인이 되기도 하지만 영어문법을 잘 모르는 아이들에게는 잘못된 영어순서로 영어를 이해하는 부작용이 나타난다.

일전에 필자의 강의를 들었던 학부모 한 분이 필자에게 와서 자신의 아이가 학원에서 원어민 선생님에게 영어로 한 이야기를 필자에게 들려주었는데 이와 똑같은 현상을 보여 주었다.

그 아이는 원어민 선생님에게 자신이 일요일 가족들과 함께 낚시를 갔다는 것을 설명하기 위해 다음과 같이 이야기를 했다는 것이다.

"I fishing go."

이 아이가 설명하고자 한 것은

"나는(I) 낚시(fishing) 갔어요(go)."

라는 말이었을 것이다.

아이가 영어를 이야기할 때는 영어문법 순서와는 상관없이 자신이 잘 알고 있는 "한글 순서"에 영어를 맞춰서 선생님에게 이야기한 것이다. 그 부모님은 자신의 아이가 이렇게 이야기한 것에 대해서 그래도 학원에서 영어를 배운 덕분에 틀린 문장이긴 하지만 영어로 원어민과 대화를 했다는 것에 그래도 학원에 돈을 들인 보람이 있다고 생각했을지도 모른다.

그러나 여기에서 우리가 곰곰이 생각을 해 봐야 하는 것은 아이가 영어를 배울 때는 분명 영어문법에 맞게 영어를 배웠는데도 불구하고 아이가 영어로 이야기를 할 때는 한글 순서에 맞게 작문을 했다는 것은 아이가 사용하는 모국어가 한글이기 때문에 한글 순서에 맞게 영어를 가져다 붙였다는 것이다. 아이가 영어를 이해하고 말했다기보다는 아이는 자기가 아는 영어단어를 그냥 한글 순서에 집어넣은 것에 불과하다.

이런 현상은 영어일기에서도 나타난다. 부모님은 우리 아이가 학교와 학원에서 영어를 배우기 때문에 간단하게라도 영어로 일기를 쓸 수 있으리라 생각한다. 그러나 정작 영어로 일기를 쓸 수 있는 아이들은 흔치 않다.

그 이유는 우리 아이들의 모국어는 영어가 아닌 한글이기 때문이다. 아이들은 영어를 해석하거나 작문할 때 항상 모국어인 한글에 기초를 두고 영어를 생각하기 때문에 그 한글을 영어에 맞춰 다시 영작을 한다는 것이 여간 어려운 일이 아니다.

학부모지원센터에서 "우리 아이, 영어 한글처럼 읽도록 지도하기" 강의 평가에서 학부모 수강생들이 가장 많이 요청하는 과목이 "영어 일기"이다. 단적으로 학부모들의 영어일기에 대한 열망을 나타내며 또한, 얼마나 영어로 일기를 쓴다는 것이 어려운가를 말해 주는 대목이다.

필자가 자신 있게 말할 수 있는 것은 영어문장을 한글 순서에 맞게 영어문장을 해석하게 되면 영어일기를 쓰는 것은 어렵다고 생각한다. 이 영어일기도 그냥 한글순서에 맞춰 우리 아이가 아는 영어단어를 나열하는 정도에 그칠 가능성 때문이다.

이런 현상은 비단 아이들만 나타나는 것은 아니다. 우리 어른들이 영어를 말할 때 자신들이 아는 영어단어들을 한글 순서에 맞춰 영어단어를 나열하는 경우를 많이 본다. 어른들도 모국어가 한글이기 때문에 한글 순서에 영어 단어를 끼워 맞춰서 나열하기 때문에 영어문장으로서의 가치가 전혀 없는, 영어단어만 한글에 끼워 맞춘 문장을 말하게 되는 것이다. 이렇게 되면 영어단어를 한글 순서에 맞게 배열한 이른바 "콩글리시"가 탄생하는 것이다.

4 우리는 영어를 해석하지 않고 번역을 해

우리가 영어를 우리말에 맞춰서 영어를 해석하는 방법을 "번역"이라고 한다. 번역은 영어를 모르는 사람들을 위해서 영어문장을 우리말에 맞춰서 우리 문법에 맞게 표기하는 방법을 말한다. 번역서를 읽는 사람은 당연히 영어를 이해하지 못하는 사람이므로 이 사람들을 위해 영어번역가가 영어원문을 그 사람들이 읽게 편하도록 우리말에 맞게, 영어문장 순서와는 상관없이 번역을 하는 것은 문제가 되지 않는다. 번역서를 읽는 사람은 영어를 공부하는 사람들이 아니기 때문에 영어로 글을 읽지 않고 한글로 글을 읽게 되기 때문이다.

우리가 영화를 볼 때 자막이 필요한 이유와 같다. 한글 자막은 영어를 모르는 사람들을 위해서 영화 내용의 이해를 위해 관객들의 모국어인 한글로 영화 내용을 표기하는 것이다. 따라서 영화에 나오는 영어대화 내용의 순서를 다 지킬 필요가 없다. 영화내용에 맞게 관객들에게 전달만 하면 되는 것이다. 영화대본의 순서와 한글자막의 순서는 꼭 맞출 필요는 없다. 영어 학습자들이 영어대사와 한글자막을 비교할 때 맞지 않는다고 하는 이유이기도 하다.

이런 번역 형태가 영어를 모르는 사람들의 이해를 돕기 위해 사용될 때는 이처럼 영어문장 순서를 지키지 않아도 되지만 영어를 학습하는 사람들에게는 그렇게 하면 혼란이 생긴다.

필자가 한창 영어공부를 할 때 복잡한 영어문장이 이해가 되지 않은 경우 해설서를 많이 읽은 경우가 있다. 그 당시 해설서에 실린 영어지문의 한글해설이 영어지문과 같은 방향이 아니라는 것을 알게 되었다.

즉, 영어문장과 한글해설 문장이 일대일로 연결이 되지 않았다는 것이다.

영어문장을 잘 이해하지 못하는 사람들이 해설서를 보고 모르는 단어나 문장의 순서를 참고하려고 해도 해석의 앞뒤가 영어문장 순서와 맞지 않아 혼돈을 주는 경우가 많다. 여러분들 자녀의 영어 해설서를 보면 이와 똑같은 현상이 나타난다. 영어지문의 내용과 한글해석의 내용이 일대일로 대응이 되지 않는다는 것이다.

우리가 영어를 공부하는 목적은 영어문장을 쓰인 순서대로 이해하기 위해서이다. 이렇게 영어문장을 이해하는 작업을 "해석"이라고 할 수 있다. 해석, 즉, 영어문장을 쓰인 순서대로 이해하기 위해서는 영어문장의 진행순서와 한글해석의 진행순서가 같아야 한다.

번역은 영어를 모르는 사람들이 읽기 때문에 영어문장 전체 내용을 독자가 이해할 수 있도록 영어문장 앞뒤를 조정해도 되지만, 해석은 영어문장의 순서대로 읽고 이해해야 하므로 영어문장의 진행 순서를 지키는 것이 중요하다.

5. 영어를 해석할 때 왜 **문장 끝까지 읽어야만 할까?**

필자는 학부모를 대상으로 하는 수업에서 영어문장을 한글로 해석할 때 영어문장을 끝까지 읽지 않는다. 여러분들은 지금까지의 영어수업에서 영어문장을 해석하려면 어떤 선생님이든 강사이든 영어문장을 먼저 끝까지 읽고 한글로 다시 해석을 하는 방식을 보아 왔을 것이다. 이렇게 선생님이나 강사들이 영어문장을 왜 끝까지 읽을까?

영어를 가르치는 사람들이 영어문장을 끝까지 읽는 이유는 영어문장을 뒤에서부터 해석해 오기 위해서이다. 그 사람들에게는 영어문장에서 뒤에 위치하고 있는 영어 내용을 알아야만 전체 문장의 뜻을 파악할 수 있기 때문이다. 필자가 보기에는 일종의 반칙이라고 본다. 왜냐하면 영어문장이 왼쪽에서 오른쪽에서 진행되고 있는데 굳이 오른쪽까지 다 읽고 다시 해석한다는 것은 뒤의 내용을 바탕으로 오른쪽에서 왼쪽으로 해석하겠다는 뜻이다.

그런데 만약 영어의 전체 문장이 주어지지 않았다면 영어를 끝까지 읽고 다시 해석을 할 수 있을까? 영어문장 전체가 주어지지 않는다면 진행방향과 반대방향인 오른쪽에서 왼쪽으로 해석이 가능할까? 영어문장 전체가 주어지지 않는다면 절대 영어문장을 영어문장이 진행하는 방향과 거꾸로 해석할 수는 없다.

예를 들어보자.

"I love my teacher who teaches English."

이 영어문장의 진행순서는 다음과 같다.

① I
② I love
③ I love my teacher
④ I love my teacher who
⑤ I love my teacher who teaches
⑥ I love my teacher who teaches English.

문장의 진행 순서에서 보듯이 영어문장은 왼쪽에서 오른쪽으로 진행하고 있다. 마치 타자를 치듯이 왼쪽에서 오른쪽으로 한 단어씩 문장이 전개되고 있는 것을 볼 수 있다.

기존의 해석방식을 다른 도표로 한 번 보자.

I	나는
I English.	나는 영어를
I teaches English.	나는 영어를 가르치는
I my teacher who teaches English.	나는 영어를 가르치는 선생님을
I love my teacher who teaches English.	나는 영어를 가르치는 선생님을 사랑한다.

위의 도표는 영어문장의 한글해석이 영어가 표기되는 방향과는 반대방향으로 진행된다는 것을 보여준다. 이 문장의 전개를 유심히 살펴보면 우리가 지금까지 얼마나 잘못된 방향으로 영어해석을 하고 있었는지를 잘 나타내 줄 것이다.

6 영어를 거꾸로 해석하면 **영어 학습이 어려워져**

영어문장을 해석할 때, 한글 순서에 맞춰 영어를 재편하여 영어문장의 반대방향으로 해석을 하게 되면 시간이 두 배 정도 많이 걸린다. 왜냐하면 영어로 읽고 바로 해석을 했을 때보다 영어문장을 끝까지 읽고 난 후, 다시 읽은 영어문장을 한글 맞춤법에 맞춰 한글로 표기해야 하는 두 번의 작업을 하면서 시간이 걸리기 때문이다.

앞의 영어 예문을 다시 보자.

"I love my teacher who teaches English."

라는 문장을 한글로 해석한다고 가정해 보자. 우리가 일반적으로 이 문장을 해석하는 방법은

- 첫째, 영어문장을 끝까지 읽는다.
- 둘째, 영어문장을 한글 순서에 따라(즉, 거꾸로) 해석한다.

의 순서로 진행된다. 한글로 해석을 해 보기로 하자.

- 첫째, "I love my teacher who teaches English."을 끝까지 읽고,
- 둘째, 영어문장을 한글 맞춤법에 맞게 해석하면

"나는(I) 영어를(English) 가르치는(teaches) 나의 선생님을(my teacher) 좋아한다(love)."
라고 된다.

흐름을 도표로 표시해 보자.

```
 I   love  my teacher  who  teaches  English.
 ↑    →     →      →     →      →    ↓
 ①    ⑤    ←    ④    ←    ③    ←    ②

 나는 영어를 가르치는 나의 선생님을 좋아한다.
```

영어문장을 끝까지 읽고 거꾸로 해석을 하게 되면 한 번 읽은 문장을 다시 거꾸로 읽고 올라가는 시간이 걸려 해석의 시간이 더 걸리게 된다.

7 영어는 외워서 되는 과목은 아니다

우리는 영어가 어려워 영어문장을 무조건 외우는 방법을 사용하기도 한다. 필자도 영어공부를 할 때 영어책을 집어 삼키듯 미친 듯이 문장을 통째로 외운 적이 있었다. 정말 그 때는 영어가 싫었다. 어떻게 수많은 영어문장을 다 외워야 하는지 생각만 해도 끔찍스러웠다.

지금 생각해 보면 무조건 외우는 방식은 일부 도움이 되었을 수는 있지만 현명한 방법은 아니었다는 생각이 든다. 만약 우리 아이들에게 모든 문장을 외우게 한다면 가능하겠는가? 우리 아이들은 지적 능력에도 한계가 있는데 어떻게 그렇게 많은 영어문장을 통째로 외울 수 있겠는가? 거꾸로 생각해서 성인인 여러분들에게 그 많은 영어문장들을 외우라고 한다면 가능하겠는가?

우리가 명심해야 할 것은 우리 어른들이 할 수 없는 것들은 아이들에게 시키지 말아야 한다. 그것은 단지 우리 어른들의 욕심일 뿐이다. 이렇게 무조건 외우라고 하면 아이들은 영어를 싫어하게 될 것이고 아이들을 영어에서 점점 더 멀어지게 하는 결과가 나온다.

영어를 공부할 때는 유연성이 있어야 한다. 영어는 복잡한 공식을 외우는 수학이나 과학과 같은 과목이 아니다. 영어는 언어이기 때문에 영어로 표기된 것을 이해만 하면 되는 단순한 과목이다. 수많은 공식을 외워서 적용해야 하는 수학이나 과학과는 달리 영어는 쓰인 말들을 이해만 하는 그만이다.

영어가 쉽고, 어려운 것의 구분은 영어문장을 쓸 때 직설적으로 표현할 것인가 아니면 각종 가정법, 은유법 등의 표현을 해서 문장의 전달 방식을 달리하는 것이지 결코 문장을 수학적 공식처럼 풀어야 할 만큼 어렵게 구성을 해 놓지는 않는다.

필자는 학부모 강의에서 영어를 공부할 때

> ✓ 영어공부는 "퍼즐"보다는 "레고" 형식의 영어를 공부해야 한다.

고 강조한다. 퍼즐과 레고의 차이는 무엇인가?

퍼즐은 전체 그림을 맞춰야만 효력이 있기 때문에 한 조각이라도 없으면 전체 그림이 완성되지 않을 뿐만 아니라, 퍼즐 몇 조각으로는 어떤 그림인지 아예 상상조차 할 수가 없다.

그러나 레고는 어떠한가? 레고는 두 조각만 가지고도 상상의 나래를 펼 수 있다. 우리 아이들은 레고 두 조각만 가지고도 기차가 되어 달리고, 비행기가 되어 날아다닌다. 몇 조각만 더하면 아름다운 성이 되고, 즐거운 놀이터가 된다.

영어도 마찬가지다. 무조건 외워서 하는 영어는 한계가 있다. 외운 영어가 언제 쓰이겠는가? 정말 외웠던 영어를 쓸 기회는 오는가? 퍼즐처럼 전체 조각이 맞아야만 기능을 할 수 있는 영어는 외우는 노력에 비해 효과는 거의 미미하다.

하지만 두 조각으로도 상상의 나래를 펼 수 있는 레고형태의 영어는 유연성이 뛰어나 어떤 상황에도 적합한 영어를 만들어 낼 수 있다. 레고 영어는 굳이 외울 필요도 없다. 영어문장 형식에 맞춰서 나열만 하면 되는 것이다.

우리 학부모들이 지금까지 시도했던 방법들을 생각해 볼 때 결과가 좋지 않았다는 점을 생각하면 무조건 문장을 외우는 방법은 효과에 한계가 있다고 보아야 할 것이다. 이제 새로운 레고 형태의 단순한 접근 방식으로 영어를 접근해야 한다고 필자는 생각한다.

8 당신의 영어 가능성은 생각보다 커

　필자는 학부모 수업에서 항상 학부모들께 드리는 말씀이 한 가지가 있다. 바로 학부모들이 가진 영어실력은 생각보다는 훨씬 크다는 것이다. 우리 학부모들은 늘 겸손해서 본인의 영어실력을 최하위라고 생각한다. 그 이유는 지난 10년 이상의 영어공부에도 불구하고 영어소설이나 외국인과의 영어회화를 제대로 할 수 없다고 생각하는 자괴감 때문이다.

　그러나 학부모들의 영어 잠재성은 상당하다고 필자는 확신한다. 우리 학부모들의 영어 공부시간이 적었는가? 청소년 시절에 학원을 덜 다녔는가? 영어 학습지에 투자한 돈이 얼마인가? 영어공부의 결과로서 유창하게 영어를 말하거나 타임지나 영자신문 등을 어려움 없이 읽지는 못하지만 영어 학습에 필요한 영어 실력은 갖추고 있다고 보아도 좋다고 생각한다.

　그 근거로서는 필자가 학부모지원센터에서 강의를 할 때 학부모들은 필자가 설명하는 모든 영어에 대한 강의를 별도의 예습, 복습 없이 다 소화하고 있다는 것을 들 수 있다. 필자의 수업에 오신 분들은 알겠지만 필자는 수업을 할 때 예습, 복습을 하지 말라고 강조한다. 예습, 복습을 하지 않지만 12시간 정도의 수업시간을 무난히 마칠 때쯤이면, 영어교과서, 주니어 영어소설 정도는 무리 없이 소화하고 이해하는 수준이 된다. 그만큼 영어의 기본기가 되어 있다는 뜻이다. 단지 알고 있는 지식을 활용할 수 있는 적절한 방법을 모르고 있었을 뿐이다.

　정도의 차이는 있었겠지만 참석한 모든 학부모들은 마지막 시간에는 자신들이 영어 소설을 읽을 수 있다는 자신감에 벅차한다. 지금까지 불안하고 막연했던 자신의 영어에 대해 분명한 방향이 제시되었다는 면에 대해서 학부모들이 가진 자신감은 상상 이상일 것이다. 그래서 필자의 수업은 최상의 만족도 "아주 만족한다."가 100%에 육박하는 이유일 것이다.

　필자는 수업시간에 학부모들에게 전달하는 메시지가 있다. 자녀들의 영어공부를 다른 외부에 맡기지 말고 우리 학부모들이 직접 해 달라는 것이다. 우리 학부모들의 능력이라면 충분히 그렇게 할 수 있다는 것이다. 만약 학부모로서 주니어 영어소설 정도를 읽을 수 있다면 자신의 자녀를 가르치는데 무엇이 문제가 되겠는가?

방법은 새로운 해석 방법을 적용해야 한다는 것이다. 학부모 수강생들이 학부모지원센터에서 필자의 수업을 들으면서 가졌던 자신감을 아이들에게 전달해야 한다. 학부모 수강생들이 필자의 수업에서 즐겁게 수업하는 방법들을 아이들과 공유해야 한다. 그렇지 않으면 기존 수업과 똑같은 결과를 가져오게 된다.

필자가 수업을 할 때 학부모 수강생들이 무리 없이 수업을 예습, 복습 없이 할 수 있는 이유 중의 하나는 기존의 영어해석의 방법을 변화시키는 영어해석의 "패러다임 변화"이다. 정규 학교교육 과정의 영어공부를 마친 우리 학부모 수강생뿐 아니라, 현재 학교에서 영어를 공부하고 있는 학생들의 영어를 새로운 방법으로 재편만 할 수 있다면 그 어떤 나라의 학부모나 학생들보다도 영어를 잘 할 수 있다고 필자는 확신한다.

기존의 영어교육이 우리에게 가져다 준 장점도 있다. 무조건 외우긴 했지만 영어문법에 대한 많은 지식이 있고 지금까지 외운 영어단어 등이 새로운 해석방법을 적용할 수 있는 기초가 되는 것이다. 이런 면에서 영어 인프라가 부족한 다른 국가보다는 영어의 성공확률은 아주 높다고 할 수 있을 것이다. 조건은 영어의 새로운 해석방법을 적용했을 경우라는 것이다.

우리나라 학부모들의 영어실력이 얼마나 수준 높은지 필자가 겪었던 예를 하나 소개하고자 한다. 필자는 미국에서 2년 동안 미국 워싱턴 D.C.에 소재한 조지워싱턴 대학원에서 유학을 한 적이 있는데 그 당시 나의 아내도 같이 미국으로 동행했다. 물론 아이들도 같이 가긴 했지만 아이들은 당시 영어를 잘 모르는 상태에서 현지에서 영어공부를 시작했기 때문에 논외로 하고 지금 이 글을 읽고 있는 학부모들과는 같은 상황이었던 아내의 이야기만 소개하고자 한다.

아내는 당시 한국의 정규 대학과정을 마친 학력을 가지고 있었으며 영어를 좋아하지만 보통 사람들처럼 자신이 없는 사람이었다. 그러나 미국 생활은 혼자만 하는 것이 아니었고 아이들의 학교에서 선생님께서 연락이라도 온다고 생각하면 아내 스스로 영어를 좀 해야겠다는 의무감이 들었던 모양이다. 그래서 미국 도착 후 얼마 되지 않아 주변의 교육센터, 아마 우리의 학부모센터와 같은 교육원에서 제공하는 무료 영어교육을 수강하기로 결정했다.

이 센터에서는 수강을 위해서 영어 레벨테스트를 했는데 평소에 영어에 자신이 없었던 아내는 레벨테스트에 대한 걱정으로 스트레스를 받는 듯 했다. 하지만 2년 동안의 미국 생활과 아이들 미국현지 교육 때문에 물러설 수도 없었다. 테스트를 하고 왔다. 그리고 결과가 나왔다. 필자의 수업이 주로 오후에 있었기 때문에 밤늦게 도착한 나에게 아내는 정말 미국 도착 이후 가장 기쁜 모습으로 나에게 자신의 영어레벨이 "최상급"인 Advanced 수업에 배정이 되었다고 말했다. 아내도 그랬고, 나도 놀랐다. 사실은 나도 아내의 영어실력이 그 정도일지는 몰랐다.

한국에서 정규 영어과정만 마친 아내가 미국의 센터에서 모국어가 영어가 아닌 이민자들을 대상으로 한 영어 레벨테스트에서 최상급 레벨을 받으리라고 누가 상상이나 했겠는가? 자신감을 완전히 회복한 아내는 그 날 이후로 그 수업과 무료수업 몇 개를 수강하면서 미국 생활에 필요한 기초 영어실력을 갖추게 되었다.

필자가 아내의 경우를 소개하는 것은 아내가 미국 센터에서 제공한 테스트에서 모국어가 영어가 아닌 수강생들을 대상으로 치른 시험에서 최상위를 받는다는 것은 한국의 영어교육의 잠재성을 보여 주었다는 사실 때문이다.

이 글을 읽고 있는 여러분들도 마찬가지이다. 본인이 학부모지원센터에서 수강하는 학부모들에게 말했듯이 여러분들은 기본적으로 영어를 잘 할 수 있는 기초 역량을 충분히 갖추고 있다는 것이다. 이러한 역량을 올바르게, 새로운 방법으로만 재편한다면 우리 학부모들의 영어실력, 아니 대한민국의 영어실력은 우리가 늘 부러워하는 유럽의 비영어국가인 핀란드, 스웨덴보다도 더 잘 할 수 있다고 확신한다.

9 과연 '새로운 방법'은 있을까?

우리나라에서는 영화로 많이 알려진 '죽은 시인의 사회(Dead Poets Society, Robin Williams 저)' 소설을 읽어보면 다음과 같은 장면이 있다. 영어교사인 존 키딩 선생님은 수업시간에 갑자기 학생의 책상 위로 뛰어올라가 학생들에게 질문을 한다.

"Why do I stand here?(내가 왜 이 책상 위에 서 있는가?)"

당황한 학생들은 머뭇거리다 한 학생은 다음과 같이 이야기한다.

"To feel taller?(키가 더 커 보이게 하기 위해서요?)"

그러나 선생님은 다음과 같이 대답한다.

"To look at things differently.(사물을 다르게 보기 위해서야.)"

이 선생님이 말하고자 한 것은 무엇이었을까? 바로 '새로운 시각'을 학생들에게 말하고자 했다. 책상 밑에서 사물들을 바라보는 것보다는 책상위에서 사물들을 바라보게 되면 시각이 달라 보인다는 메시지를 학생들에게 전달하고자 했다.

우리는 지금까지 영어공부를 할 때 책상 아래에서 사물을 바라보는 시각에서 이루어졌다. 같은 높이에서 앉아서 보는 사물들에 대한 시각은 오른쪽으로 보나 왼쪽으로 보나 똑같아 보이게 된다. 똑같은 시각에서는 똑같은 생각을 하게 마련이다.

우리의 영어 학습에 대한 시각은 늘 하드웨어 측면의 시각에서 접근하여 영어원어민을 공급하고, 영어전용교실을 만들고, 영어마을을 오픈했다. 하지만 결코 더 높이 올라갈 수 없었다. 이제 키딩 선생님이 제안한 것처럼 책상 위로 뛰어 올라가서 보는 새로운 시각에서 새로운 방법을 시도해야 한다.

> 새로운 방법의 접근은 하드웨어 측면이 아닌 소프트웨어 측면에서 찾아야 한다. 영어 학습에서 바로 소프트웨어는 "해석 방법"이다.

해석방법에서 변화를 모색해야 한다. 기존의 영어해석방법과 다른, 쉽고 차별화된 해석 방법이 있다면 영어 학습도 어렵지 않을 것이다.

지금까지 해석방법에 새로운 변화를 시도하려는 노력은 있지만 효과는 미미했다고 본다. 시도된 다양한 방법들은 필자가 생각하기에는 책상아래에 앉아 오른쪽, 왼쪽으로 사물을 본 것에 지나지 않는다고 생각한다.

필자의 "새로운 해석방법"은 지난 몇 달간 강의를 통해 학부모인 수강생들에게 새로운 영어의 장을 열어주었다. 그들은 새로운 방법을 "쇼킹한 강의", "심 봉사 눈뜬 영어"라고까지 표현을 했으니 그 효과에 대해서는 짐작이 갈 것이다.

학부모 강의는 보통 3시간씩 4회에 걸쳐 진행이 되었는데 9시간의 "새로운 해석방법"에 대한 학습 후 마지막 3시간 동안에 '찰리와 초콜릿공장(Charlie and the Chocolate Factory)' 원서를 불편함이 없이 읽을 정도로 영어해석에 자신감을 가지게 되었다. 그 동안 한이 맺혔던 영어 학습 방법에 대해 새로운 패러다임을 제공했으니 얼마나 그분들이 기뻐했겠는가?

필자는 매주 목요일 필자가 근무하는 직장에 일주일에 한 번 저녁시간에 무료로 1시간씩 영어 소설 강의를 해 왔는데 이 강의를 들은 동료들 중에는 그 동안 자신이 가졌던 영어공포증을 없애고 자신의 여행 느낌을 영어로 페이스 북에 올리고, 학교현장에서 원어민과의 계약을 직접 체결하는 등 놀라운 효과를 나타냈다.

이러한 결과는 참가 학부모들의 강의평가에도 바로 나타났다.

> - 부산학부모센터 학부모 만족도: "만족한다." 이상 100%
> - 경남학부모센터 김해지역 학부모 만족도: "아주 만족한다." 100%
> - 대구학부모역량센터 학부모 만족도: 5.0 만점에 4.9

새로운 영어해석 방식이 일반 학부모들에게 효과가 있다는 것을 증명한다. 그런데 새로운 영어해석 방식이 정규 교육과정을 마친 학부모들에게 바로 적용될 수 있는 것은 기본적으로 우리 학부모들이 가지고 있는 기초적인 영어실력이 우리가 생각하고 있는 것보다는 훨씬 수준이 높기 때문이다.

또한 긍정적인 측면은 우리나라 보통의 성인들에게도 필자가 제시하는 새로운 영어해석방식을 적용할 수 있다면 모든 성인들이 어렵지 않게 영어해석을 할 수 있다는 가능성을 보여주었다는 것이다.

우리는 영어에 너무 어렵게 접근한다고 생각한다. 문법에 찌들고, 외워도 끝이 보이지 않는 단어와 씨름하며, 수많은 영어 수험서와 싸우면서 우리는 영어에 지쳐가고 있다. 이제 새로운 방법을 시도하지 않으면 우리는 영어와의 싸움에서 지게 되는 것이다.

더 많은 돈을 영어를 위해 쏟아 붓지만 우리는 영어의 늪에 더욱 더 빠져들어 빠져 나오지 못하고 결국 영어를 포기하게 된다. 그리고 그 잘못을 지금까지 열심히 공부해 온 학부모 여러분들 자신에게 있다고 자책하게 된다.

영어를 잘 못하는 것에 대해 여러분은 죄가 없다. 여러분들은 영어에 대해 무죄다. 여러분들의 죄라면 영어를 너무 열심히 한 죄밖에 없다. 학교를 다니면서, 사회생활을 하면서 얼마나 영어를 많이 공부했었던가? 도대체 얼마나 많은 돈을 영어 교재에, 영어학원에 쏟아 부었던가?

여러분들이 지금까지 열심히 해 온 영어는 결실을 맺을 수 있어야 한다. 자신의 수준에 맞는 영어소설을 읽고, 아이들의 영어를 가르칠 수 있으며, 외국인과 만나면 스웨덴이나 핀란드의 학부모처럼 영어로 의사소통하는 그런 영어를 할 수 있어야 한다.
해외에 가서 쇼핑을 할 때 자신이 사고자 하는 물건을 정확히 표현하고, 호텔객실에 불이 들어오지 않을 때 말 한 마디 하지 못해 그냥 어두운 호텔방에서 지내는 것이 아니라 전화를 들고 호텔 카운터에 영어로 방에 불이 오지 않는다고 이야기하는 그런 영어를 할 수 있도록 해야 한다.

이제 지난 10년간 열심히 영어를 공부했고, 지난 10년간 아이들의 영어 학습에 많은 투자를 해 온 여러분들에게 이 세상에 없던 영어를 소개하고자 한다. 영어소설을 읽는 즐거움을 알게 해 주고, 외국인과의 대화로 새로운 친구를 사귀며, 자신의 생각을 영어로 옮길 수 있는, 영어공부의 새로운 세계를 열어갈 수 있도록 하는 방법, 이제 함께 시작해 보자.

제2장
이 세상에 없던 영어

1. '영어를 한글처럼' 특허 출원 배경

 필자는 2012년도 말에 영어해석에 관한 특허를 출원했다. 출원한 특허의 주요 내용은 "영어를 한글처럼 해석하기"로서 영어문장을 영어가 쓰인 순서대로 한글로 해석하는 방법에 관한 것이었다.

 우리는 앞에서 지금까지는 영어문장을 영어문장이 쓰인 순서와는 완전히 다른 한글 맞춤법에 맞춰 영어를 재배열해서 한글로 해석을 함으로써 영어문장의 순서와는 완전히 다른 한글해석을 해 왔다고 설명했다.

 영어문장의 순서와 같은 방향으로 한글해석을 하는 방식을 생각하게 된 이유는 필자가 동시통역을 할 때 생각을 해 낸 것이다. 필자는 2004년부터 약 7년간 부산광역시교육청의 국제전문관을 지내면서 기관장의 통역을 수행했으며 수많은 회의를 영어로 진행하고 영어 문서를 작성하는 등 영어로 모든 업무를 수행했다.

 외국 기관과의 회의를 하게 되면 순차통역 및 동시통역을 하게 된다. 동시통역은 통역사가 회의장 안에 설치된 부스에 들어가서 주빈이나 외빈이 자신의 모국어로 자신의 의사를 표현할 때 통역사는 계속해서 주빈과 외빈의 말을 한글에서 영어로, 영어에서 한글로 통역하는 방식이다.

 이러한 동시통역 방식은 회의장에 통역사가 같이 배석해서 주빈 또는 외빈이 한 말을 말을 한 주빈이나 외빈이 쉬는 동안에 통역사가 통역을 하는 순차통역과는 다른 형태이다.

 동시통역은 주빈이나 외빈이 말을 하는 중간에 통역사가 통역을 할 수 있는 여유를 주지 않기 때문에 통역사는 계속해서 영어나, 한국어로 말을 이어나가야 한다. 이 부분에서 생각을 해 보자. 지금까지 우리가 영어를 공부했던 방식대로 영어문장을 한글 순서에 맞게 영어문장을 찢어서 해석을 한 후 통역을 한다면 동시통역이 가능하겠는가? 거의 불가능하다고 볼 수 있다.

만약 지금까지 영어를 공부한 식으로 영어문장을 한글 순서에 맞게 재편해서 통역을 한다면 외빈이 전달하고자 하는 영어문장의 반 정도밖에는 통역을 할 수가 없다. 그 이유는 영어문장을 한글에 맞춰 재편하는 시간이 필요하고 그 재편하는 시간 동안 외빈의 영어는 그 양 만큼 진도가 더 나가기 때문에 통역을 하는 것은 불가능하다.

동시통역을 하기 위해서는 영어문장이 쓰인 순서대로 한글로 옮겨야 한다. 영어문장의 순서를 최대한 훼손하지 않고 한글로 옮기게 되면 외빈이 진행하고 있는 영어 연설과 거의 같은 속도로 한글 통역이 된다. 즉, 영어문장과 한글해석이 동시성을 가지게 된다는 것이다. 따라서 외빈의 의사를 정확히 참석자들에게 전달할 수가 있다. 이와 같이 영어의 진행방향으로 한글을 진행시키면 영어를 한글처럼 해석할 수 있는 원리가 되는 것이다.

2 한글과 영어는 공통점이 있다

특허 출원을 위해서는 영어문장을 해석할 때 일정한 규칙을 발견해야 하는데 이를 위해서는 영어와 한글의 공통점을 알아야 했다. 우리는 지금까지 영어가 어려운 이유가 영어와 한글의 문법 구성이 틀리기 때문에 당연히 어렵다고 생각을 해 왔다. 영어와 한글 문법의 차이가 여러분들이 영어를 어렵게 접근하도록 만든 셈이다. 그러나 영어와 한글에도 아주 중요한 공통점이 존재한다.

<u>영어와 한글의 공통점은 두 언어가 왼쪽에서 오른쪽으로 진행하는 언어라는 것이다.</u> 영어를 표기할 때 왼쪽에서 오른쪽으로 표기를 하며, 한글도 표기를 할 때 왼쪽에서 오른쪽으로 표기를 한다.

- 영어의 표기 방향: 왼쪽 → 오른쪽
- 한글의 표기 방향: 왼쪽 → 오른쪽

두 언어의 아주 중요한 공통점이다. 아랍어의 표기가 영어나 한글과는 달리 오른쪽에서 왼쪽으로 표기를 한다는 점을 생각하면 영어와 한글이 왼쪽에서 오른쪽으로 표기를 한다는 것은 한글 해석에 아주 큰 장점으로 작용한다.

그런데 영어와 한글의 이러한 공통점에도 불구하고 우리는 이 공통점을 활용하지 못하고 영어문장을 해석할 때 영어문장의 진행방향과 반대방향인 오른쪽에서 왼쪽으로 해석을 해 왔다.

- 영어문장 진행 방향: 왼쪽 → 오른쪽
- 한글해석 진행 방향: 오른쪽 → 왼쪽

영어문법이 한글문법과 다르다는 점으로 인해 아무런 생각 없이 당연히 두 언어가 진행되는 방향을 무시하고 영어문장을 한글 문법에 맞춰 영어문장의 뒤에서부터 앞으로 해석을 해 왔던 것이다.

만약, 영어문장과 같은 순서로 한글로 해석한다면 얼마나 좋겠는가? 그렇게만 할 수 있다면 영어문장의 모든 표현을 한글로 해석할 때 우리말처럼 자연스럽게 할 수가 있을 것이다.

영어문장을 한글처럼 해석하는 기법들은 뒤에서 더 소개를 하겠지만 우리가 앞에서 예를 들었던 간단한 영어문장을 영어문장의 진행방향과 같은 방향으로 해석을 한 번 달아보자. 두 한글해석을 보면 어떤 차이가 있는지 확연히 나타날 것이다.

우리가 앞에서 보았던 예문은 다음과 같다.

"I go to school."

이 문장의 기존 한글해석은

"나는(I) 학교에(to school) 간다(go)."

```
I      go      to school.
↑      →       →        ↓
①      ③       ←        ②
나는    학교에    간다.
```

이 방식이 지금까지의 영어문장을 한글로 해석하는 방식이었다. 즉, 영어문장의 순서를 완전히 무시하고 한글 순서에 맞춰 영어문장을 재편하여 해석한 것이다. 그러나 이 영어문장을 재편하지 않고 그대로 하는 방법을 보자.

영어문장을 다시 한 번 보자.

"I go to school."

영어문장이 쓰인 순서대로 그대로 한글로 해석을 해 보자.

"내가(I) 가는 곳은(go to) 학교다(school)."

영어문장의 진행방향과 한글해석이 같은 방향으로 가고 있는 것을 볼 수 있다. 도표로 보자.

```
  I    go    to school
  ① →  ② →  ③

  내가 가는 곳은 학교다.
```

영어문장 순서와 한글해석 순서가 일치되어 있다.

위와 같이 영어순서와 한글해석 순서를 맞출 수 있는 것은 영어와 한글의 왼쪽에서 오른쪽으로 똑같이 진행하기 때문에 가능한 것이다.

3 영어는 쉬운 언어다

우리가 일반적으로 알고 있듯이 영어는 국제회의에 사용되는 공식 언어이다. 국제공용어로서 채택되기 위해서는 여러 가지 요인들이 있겠지만 영어가 쉽다는 점도 작용을 한 것으로 생각된다. 우리에게는 여러 가지 이유로 영어가 너무 어렵지만 지금부터 설명하는 영어의 특징을 보면 영어가 쉬울 수 있다는 생각을 하게 될 것이다.

먼저 예를 다시 한 번 보자.

"I go to school."

이 문장을 자세히 한 번 살펴보자. 먼저 이 문장에서 주어의 진행 상황을 보면 다음과 같다.

- 첫 번째: 주어가 걸어가서,
- 두 번째: 주어가 도착하는 곳이 학교라는 것이다.

즉, 내가 걸어가서 도착하는 곳이 학교라는 뜻이다. 따라서 주어의 행동을 바로 영어로 옮긴 것이다.

- 내가 걸어가는 것 → I go
- 걸어가서 도착하는 곳 → I go to school.

그렇지만 한글 표현은 영어와 표현 형식이 다르다. 한글은 목적을 먼저 표시하기 때문에 거꾸로 행동이 진행되는 것이다. 영어 예문을 한글로 표현해 보면 다음과 같다.

"나는 학교로 간다."

한글해석을 주어의 행동 순서로 보면 다음과 같다.

- 첫 번째: 주어가 갈 목표를 정하고,
- 두 번째: 주어가 할 행동을 나타낸다.

즉, 목표를 먼저 표시하고 행동을 뒤에 나타낸다. 영어표현이 주어의 행동을 순서대로 표현했다면 한글은 목표를 먼저 정하고 행동을 표현한다.

표현의 측면에서 보면 주어가 행동하는 순서대로 순차적으로 표현하면 되기 때문에 영어 표현의 방법이 쉽다고 할 수 있다. 행동의 순서대로 표현을 하는 영어 특징을 나타내는 예문을 한 가지 더 보자.

"I go to see a movie."

이 문장에서 주어의 진행 상황을 순차별로 살펴보자.

- 첫 번째: 주어가 하는 행동은 "가는 것(go)"이고,
- 두 번째: 주어가 "보는 것(see)이 영화(a movie)라는 것"이다.

주어의 진행방향대로 해석을 하면 다음과 같다.

"내가 가서 보는 것은 영화다."

즉, 주어가 가서 보는 것이 영화라는 것이다.

한글해석은 이와 다르다.

"나는 영화를 보기 위해 간다."

한글해석은 표현의 목적인 영화를 머릿속에 넣고 행동을 한다는 의미이다. 즉, 목적을 먼저 생각하고 행동을 옮김으로서 영어문장과는 표현 방식이 달라진다는 것이다.

언어 탄생의 배경에는 문화, 역사 등 여러 가지와 관련이 있어서 어떤 언어가 우수하다고 말할 수는 없지만 행동의 순차적인 표현에서는 영어가 수월하다는 점이 있을 수 있다. 즉, 행동이 진행되는 방향으로 단어를 맞춰 표현하면 되기 때문이다.

4 영어와 한글의 **수식어와 연결어의 차이점 이해**

우리가 영어문장을 거꾸로 해석하는 원인 중 하나는 영어와 한글의 수식방법의 차이에서 찾을 수 있다.

> ✓ 한글의 수식어는 반드시 수식을 받는 말 앞에 위치해야 하는 반면, 영어는 수식어가 수식을 받는 말 앞뒤에 위치한다.

예를 들어 설명해 보자.

먼저 한글 수식어를 보자.

"아름다운 여인"

이 말에서 수식을 받는 말은 '여인'이고 수식을 하는 말은 '아름다운'이다. 한글에서는 수식을 하는 말은 반드시 수식을 받는 말 앞쪽에만 위치해야 한다. 이 말을 다음과 같이 쓰진 못한다.

"여인, 아름다운"

다음으로 영어 수식어를 보자. 위의 말을 영어로 표현해 보자. 영어로는 두 방법으로 표현할 수 있다.

"a pretty lady" 또는 "a lady who is pretty"

즉, 영어에서는 수식을 할 경우 수식을 받는 말 앞쪽 또는 뒤쪽에 위치할 수 있다. 한글의 수식어는 반드시 수식을 받는 말 앞에 위치해야 하는 것과는 다르다.

그러나 위의 영어 표기의 한글해석은 똑 같다.

> ✓
> a pretty lady → 아름다운 여인
> a lady who is pretty → 아름다운 여인

여기서 생각해 보아야 할 것은 영어로 다르게 표기되었지만 한글 해석이 똑 같다는 점이다. 즉, 영어표현

"a pretty lady" 와 "a lady who is pretty"

는 엄연히 달리 표현되고 있기 때문에 한글해석도 다음과 같이 달리해야 한다는 뜻이다.

> a pretty lady → 아름다운 여인
> a lady who is pretty → 여인으로 그녀는 아름답다

이렇게 달리 해석이 되는 이유는 두 번째 문장의 관계사 때문이다. 관계사는 나중에 상세히 설명하겠지만 간단히 설명하면 관계사는 접속사+대명사의 역할을 하고 있으므로

a lady who is pretty → a lady and she is pretty

로 해석을 해야 한다. 이 문장을 이해하기 위하여 간단한 예를 들어보자.

> I met **a pretty lady**. → 내가 만난 사람은 **아름다운 여인**이다.
> I met **a girl who was pretty**. → 내가 만난 사람은 **여인으로 그녀는 아름다웠다**.

결론적으로 지금까지 우리는 영어가 수식과 서술로 각각 표현하는 것을 한글로 해석할 때는 수식으로만 처리함으로써 항상 영어문장을 거꾸로 해석하는 결과를 낳았다. 따라서 앞으로 영어문장의 진행방향과 같은 방향으로 한글해석을 하기 위해서는 영어문장의 수식어와 연결어를 반드시 구별해야 할 것이다.

5 새로운 영어해석은 **듣기와 말하기를 쉽게 한다**

　우리는 지금까지 영어를 읽을 때 영어문장이 끝나고 나면 뒤에서 앞으로, 즉 오른쪽에서 왼쪽으로 해석을 하게 된다. 영어문장을 해석할 경우는 뒤에서 앞으로 해석하는 것이 허용된다. 왜냐하면 문장 전체가 책에 표기되어 있기 때문이다. 그래서 영어문장을 읽는 사람은 자신만의 시간을 가지고 영어를 뒤에서 해석할 수 있는 여유를 가질 수 있게 되는 것이다. 영어문장이 다소 길더라도 혼자 읽기 때문에 시간을 가지고 천천히 읽는 사람 마음대로 영어가 쓰인 순서와 관계없이 읽을 수 있다.

　그러나 영어의 듣기는 어떠한가? 왜 우리가 영어듣기에 약할까? 영어의 발음 때문일까? 아니면 영어를 읽는 속도 때문일까?

　그러나 설령 들려주는 영어문장에 나오는 영어단어를 모두 안다고 해도 영어듣기가 잘 되지 않는다. 여러분들은 아마 이런 경험이 있을 것이다. 영어로 들었던 문장을 적어서 보면 별로 어려운 문장도 아닌데 영어가 제대로 들리지 않는다는 것이다. 그 이유는 바로 우리가 영어를 뒤에서부터 앞으로 해석하는 습관 때문이다.

　생각을 해 보자. 영어문장 전체가 표기되어 있지 않고 영어가 말로 전달된다면 듣는 여러분들은 영어를 뒤에서 앞으로 해석해서 이해할 시간이 있는가? 영어문장을 해석하도록 무한정 시간이 주어지는가? 말하는 외국인은 여러분들이 영어문장이 쓰인 것과는 반대방향으로 해석해서 이해할 수 있도록 기다려 주는가?

　영어를 말하는 사람, 아니면 여러분들이 각종 영어테스트에서 듣기평가에서 들려주는 문장은 여러분들을 기다려 주지 않는다. 여러분들이 영어문장을 뒤에서 앞으로 해석해서 이해할 수 있는 여유를 주지 않는다. 여러분들이 알아듣던 못 알아듣던 그냥 말하고, 그냥 읽어 나간다.

여러분들이 외국인을 만났을 때 외국인의 영어를 잘 알아듣지 못하는 이유가 있다. 바로 여러분들이 지금까지 해석하는 방법처럼 영어를 들으려고 하기 때문이다. 그 외국인이 말한 내용을 종이위에 적어보면 그 영어가 얼마나 쉬운 영어라는 것을 알 수 있다. 그렇지만 그 내용조차도 알아듣지 못한다. 동일한 문장을 종이에 적어놓으면 이해하는데 그 문장을 외국인이 말하면 어렵다. 이유가 무엇일까?

> ✓ 영어듣기가 어려운 이유는 영어를 말하는 방향으로 알아듣지 못하기 때문이다.

그래서 우리나라 사람들이 영어를 들을 때 목적어인 명사만 들리는 이유이다. 왜냐하면 주어 다음에 찾는 것은 목적어이기 때문이다.

앞의 예문을 만약 외국인이 여러분들에게 읽는다면 어떤 현상이 발생하는가를 보자.

"I love my teacher who teaches English."

여러분들은 이 문장을 알아들을 때 보통의 경우, I, teacher, English 정도를 알아듣는다. 그래서 "아, 이 선생님은 영어를 가르치는구나." 정도의 추측을 하게 된다.

왜냐하면 우리가 하는 기존의 해석 순서대로 영어를 알아듣기 때문이다.

"나는(I) 영어(English)를 가르치는(teaches) 나의 선생님(my teacher)을 사랑한다(love)."

그래서 우리는 영어를 들을 때 대충 알아듣고, 대충 이해하게 되는 것이다. 여러분들은 학창시절에 영어 선생님들께서 여러분들에게 하신 말씀이 기억날 것이다.

"영어문장은 대충 듣고 핵심만 파악하면 된다."

이 말은 우리가 영어를 완전하게 듣기가 어렵기 때문에 대충 핵심만 파악하면 된다는 뜻으로 필자는 이해가 된다. 그렇지만 이 말은 옳은 말이 아니다. 대충 듣는 것도 어렵지만 대충 듣고 핵심을 파악하는 것은 더 어렵다. 대충 들었는데 어떻게 핵심을 파악할 수 있는가?

그리고 대충 듣는다는 말도 말하는 사람을 무시하는 말일 수 있다. 어떻게 말하는 사람의 말을 대충 들으라는 말인가? 만약 여러분들의 자녀가 여러분의 말을 대충 알아들으면 좋겠는가? 한국어든 영어든 대충 알아듣는 것은 문제가 있다.

영어문장을 오른쪽에서 왼쪽으로 해석하는 기존의 해석방식은 영어 말하기에도 영향을 끼친다.

우리에게 영어 말하기는 더욱 더 절벽이다. 입을 뗄 수가 없다. 영어를 말할 때는 나의 입은 입이 아니다. 한마디가 겁이 난다. 그냥 명사만 내 뱉는다.

여러분들이 외국인을 만났을 때 뭔가 영어로 이야기하고 싶지만 어떻게 시작해야할지 캄캄하다. 그냥 말문이 막힌다. 종이위에 쓰인 영어는 읽을 수나 있지만 말을 하려면 도저히 엄두가 나지 않는다.

해외여행을 할 때 뭐라고 이야기하고 싶지만 나오는 것은 그냥 명사뿐이다. 명사 영어만으로 말을 이어가며 영어를 한다. 손짓발짓도 기본이다. 그냥 말로 해도 되는데 왜 보디랭귀지(body language)가 필요할까? 어떤 사람들은 외국 여행에서 영어 없이도 대충 보디랭귀지로 하면 다 된다고 하면서 자랑하는 경우가 있다. 그렇지만 모든 영어표현을 보디랭귀지로 할 수 있는가? 한 번인 해외여행은 가능하지만 일상적으로 영어를 표현해야 한다면 문제는 달라진다.

우리가 이렇게 오랜 기간 동안 영어공부를 했는데도 영어로 제대로 표현하지 못하는 자신이 정말 한심스럽다고 느낀다.

왜일까? 왜 이렇게 영어로 말하기가 어려울까? 해답은 바로 우리가 영어를 읽을 때 영어문장의 순서를 무시하고 우리 마음대로 한글 순서에 맞춰 영어를 거꾸로 해석한 결과의 부산물이기 때문이다. 영어를 읽을 때 영어문장의 순서와는 다르게 거꾸로 해석하는 습관으로 인해

> ✓ 영어를 말할 때도 거꾸로 영어를 이야기하려고 하고, 결국은 목적어인 명사만 말하게 된다.

거꾸로 영어를 이야기하면 영어가 제대로 전달되겠는가? 한글순서에 맞춘 영어를 구사한다면 외국인이 여러분들의 영어를 알아들을 수 있겠는가? 전혀 그렇지 않다. 그래서 우리가 이런 말들을 '콩글리시'라고 부른다. 영어를 한글 순서에 맞춰 말하는 것을 말한다.

영어를 제대로 듣고, 영어를 제대로 말하려면 우선 영어를 영어가 쓰인 순서대로 해석을 하는 방법을 알아야 한다. 영어순서대로 한글로 해석할 수 있다면 영어로 쓰고, 영어로 듣고, 영어를 말할 때도 영어문장 순서대로 쓰고, 듣고, 말할 수 있다.

그러면 지금부터 영어문장이 쓰인 순서대로 해석할 수 있는 방법을 소개한다.

제3장
영어문장 형식에 따른 술술해석법

1 기본 원리

　우리는 영어와 한글은 기본적으로 구조가 달라 영어를 한글과 같이 이해하는 것은 당초부터 불가능하다고 생각해서 영어교육이 시작된 이래 지금까지 영어문장의 순서를 무시한 채 한글에 맞춰 영어문장을 찢어서 해석을 해 왔다.

　그러나 이제 그 해결점을 찾아보자. 앞에서 언급한 것과 같이 영어와 한글의 공통점은 영어와 한글이 왼쪽에서 오른쪽으로 진행되는 문자라는 점이 지금까지 불가능하다고 생각했던 것을 가능하게 만들 수 있는 모티브이다.

　먼저 우리가 영어와 한글의 구조 차이에서 가장 많이 사용하는 예를 보자. 여러분에게 만약 영어와 한글의 차이점이 무엇이냐고 물으면 여러분들은 두 언어의 문법 차이라고 대답할 것이다.

- 한글의 구조: **주어+목적어+동사**
- 영어의 구조: **주어+동사+목적어**

　얼핏 보기에는 구조자체가 달라 동일하게 만드는 것이 불가능한 것처럼 보인다. 그렇지만 만약 한글문장의 구조와 영어문장의 구조만 일치하게 한다면 얼마나 쉽겠는가? 그러면 영어문장을 한글처럼 해석할 수 있지 않겠는가?

　이 두 구조를 같이 만드는 방법은 없을까? 그 방법은 다음과 같다.

영어의 <u>주어+동사</u>를 합쳐서 <u>새로운 주어</u>로 만들면 <u>된다</u>는 것이다.

> ☑
> 한글 : 주어 + 목적어 + 동사
> 영어 : **주어 + 동사** + 목적어
>   ⇩
>   **새로운 주어 + 목적어**

즉, 영어문장이 새로운 주어+목적어가 되면 한글 순서와 맞게 된다.

> ☑
> 한글: 주어 + 목적어 + 동사
> 영어: **새로운 주어 + 목적어**

이제 새로운 주어를 어떤 식으로 만들 것인가를 고민하면 된다.

바로 그 해답은 **영어문장의 주어+동사를 새로운 주어로 만들 때, 서술형 주어로 만들면 된다.**

> ☑
> 서술형 주어 = "~하는 것은"

서술형 주어란 "~하는 것은"으로 표기하면 된다. 이렇게 주어와 동사를 묶어서 "~하는 것"으로 표기하면 영어문장에서 새로운 주어가 탄생하게 되고 따라서 다음에 오는 목적어를 해석하면 된다.

이 법칙이 적용될 수 있는지 앞에서 사용한 예제를 보자.

"**I love** my teacher **who teaches** English."

이 영어문장에서 주어+동사를 찾아서 새로운 주어인 서술형 주어로 만들어 보자.

이 문장에서 제일 먼저 나오는 주어+동사는 "I love"이다.

I love를 새로운 주어, 즉, 서술형 주어로 만들어 보자.

"I love" → "내가 사랑하는 것"

이 되며, 두 번째 나오는 주어+동사는 "who teaches"이다. 여기서 who는 대명사 역할을 하는 관계사이고 지칭하는 사람은 my teacher이다. 이 주어+동사를 서술형 주어로 만들면 다음과 같다.

"who teaches" → "그 사람(나의 선생님)이 가르치는 것은"

으로 된다.

전체 문장을 새로운 주어를 사용해서 해석해 보자.

"내가 사랑하는 것은(I love) 나의 선생님으로(my teacher) 그 선생님이 가르치는 것은(who teaches) 영어다(English)."

한글해석이 영어문장의 진행방향과 같은 방향으로 해석된다는 것을 알 수 있다.

전체 진행을 다시 순서대로 보자.

① **I love** → **내가 사랑하는 것은**
② I love my teacher → 내가 사랑하는 것은 나의 선생님으로
③ I love my teacher **who teaches** → 내가 사랑하는 것은 나의 선생님으로 **그 선생님이 가르치는 것은**
④ **I love** my teacher **who teaches** English → **내가 사랑하는 것은** 나의 선생님으로 **그 선생님이 가르치는 것은** 영어다.

물론 지금은 한 문장에 적용한 것이지만 영어문장의 주어+동사를 새로운 주어로 만들면 영어 문장구조와 한글 문장구조가 비슷해진다는 것을 알 수 있다.

지금부터 영어문장 형식, 즉 1형식에서 5형식까지의 영어문장을 형식별로 어떻게 영어문장 순서대로 한글해석을 할 수 있는지 소개하기로 한다.

먼저 영어문장형식부터 살펴보자. 영어의 문장형식은 다음과 같다.

- 영어문장 형식
  - 1형식: **주어 + 동사**
  - 2형식: **주어 + 동사** + 보어
  - 3형식: **주어 + 동사** + 목적어
  - 4형식: **주어 + 동사** + 간접목적어 + 직접목적어
  - 5형식: **주어 + 동사** + 목적어 + 목적보어

영어문장 형식에서 우리가 반드시 알아야 할 점이 있다. 영어는 반드시 모든 형식에 주어를 쓴다는 것이다.

즉, 1형식에서 5형식까지 모든 형식의 맨 앞에 주어가 있다는 점을 주목해야 한다.

주어에 대해서 한글과 영어에서 어떻게 접근하는지 한 번 고민해 볼 필요가 있다.

영어와 한글에서 주어에 대한 차이점은 영어문장에서는 반드시 주어가 필요하지만, 한글은 이와 달리 문장형식에는 주어를 쓰게 되어 있으나 실제 표현에서는 주어를 생략하는 경우가 대부분이다. 예를 들어 보자.

만약 내가 어머니께 학교에 간다고 한다면 어떻게 이야기하는가?

한글 표현으로는

"어머니, 학교에 다녀오겠습니다."

라고 이야기할 것이다.

이 문장을 잘 살펴보자. 주어가 누구인가? 어머니인가? 학교인가? 이 문장에서 주어는 학교를 가는 '내'가 주어이다. 그렇지만 생략되었다.

제3장 | 영어문장 형식에 따른 술술해석법 53

주어가 생략되는 것은 우리말의 특징이기도 하다. 여러분들도 생각을 해 보면 알 수 있을 것이다. 우리 아이들이 글을 쓸 때, 글마다, '나는', '나는'이라고 표현한다면 여러분들은 아이의 글을 잘 못쓴다고 생각할 것이다.

그렇지만 영어표현은 어떤가?

"Mom, I go to school."

로 표현할 것이다.

go를 하는 행동의 주체인 주어 I가 잘 나타나 있다.

> ✓ 주어를 반드시 사용해야 하는 것이 영어의 큰 특징이다.

일전에 '미녀들의 수다'라는 프로그램이 있었다. 이 프로그램에 출연한 외국 미녀들의 말하는 형태를 보면 외국인이 한글을 말할 때 얼마나 많이 주어를 사용했는가를 알 수 있다. 출연한 외국 미녀들은 한국말이 조금 서툰 경우는 꼭 표현을 할 때 '나는…', '저는…'이라는 표현을 쓴다. 그래서 맛이 있는 음식을 먹었다는 표현을 할 때도

"저는 그 음식이 맛있었습니다."

라고 표현을 한다. 우리가 그냥 이 말을 표현한다면

"음식이 맛있었습니다."

정도로 표현했을 것이다.

영어에서 주어가 얼마나 중요한 가를 나타내는 몇 가지가 있는데 먼저 보기를 들고 싶은 것은 "가주어"이다. 여러분들은 가주어란 말을 많이 들어봤을 것이다. 가주어가 왜 필요한가? 우리 한글에는 없는 가짜 주어를 영어에서는 사용한다. 예를 들어 보자.

"It is important to go."

라고 할 때, It은 가주어(가짜 주어)이고 진주어(진짜 주어)는 to go이다. 사실 필자도 영어의 주어를 배울 때 가주어가 왜 필요한지 잘 몰랐다. 주어가 길다고 해서 뒤로 배치하기 위해 가주어를 쓴다고 했지만 꼭 그렇게 해야만 하는가라는 생각이 들었었다. 위의 문장을 가주어 없이 일반 문장형태로 표현하면 다음과 같다.

"To go is important."

이렇게 써도 될 것을 굳이 가주어를 쓰는 이유는 무엇일까? 필자 생각으로는 주어는 대명사가 더 문장을 간결하게 표현할 수 있다고 생각을 한다. 그래서 가주어 It를 쓰고 있다고 생각한다.

영어에서 주어의 중요성을 나타내는 것이 또 하나 있다. 바로 비인칭 대명사이다. 비인칭 대명사라는 것은 날씨, 거리, 가격, 수량, 시간 등을 나타낼 때 쓰는 대명사 it을 말한다.

"It is cloudy."

이 문장은 "날씨가 흐리다." 정도로 해석한다. 그런데 우리말을 영어로 쓴다면

"The weather is cloudy."

이라고 하고 싶을 것이다. 그러나 영어에서는 비인칭 대명사를 쓰는 것을 더 선호한다.

세 번째로 영어에서 주어의 중요성을 나타내는 것이 대명사이다. 한글과 달리 영어에서는 대명사가 발달한 언어이다. 앞의 두 가지 예, 즉, 가주어와 비인칭대명사도 대명사가 사용되었지만 지금 설명하고자 하는 대명사는 명사를 대신하는 역할을 한다. 예를 들어보자.

"I love my father because **he** is really kind."

라는 문장을 보자.

이 문장을 기존의 해석방법으로 하면 다음과 같다.

"나는 나의 아버지를 사랑한다. 왜냐하면 **그는** 정말로 친절하시기 때문이다."

그러나 우리의 실제 생활에서는 이렇게 말을 쓰지 않는다. 어떻게 나의 아버지에 대해 이야기를 하면서 아버지를 '그는'이라고 지칭하는가? 우리는 이 표현을 다음과 같이 한다.

"나는 나의 아버지를 사랑한다. 왜냐하면 **아버지는** 정말로 친절하시기 때문이다."

우리말은 대명사 '그는' 대신에 '아버지는'으로 다시 한 번 지칭을 한다. 영어에서는 남성이 나오면 he, 여성이 나오면 she, 당신이 오면 you, 내가 오면 I, 여러 명이 오면 they라는 대명사를 사용한다.

이렇게 대명사가 발달한 이유는 같은 형태의 주어를 계속 반복하기 힘들기 때문에 대명사를 사용해서 주어를 표현하겠다는 의도이다. 그래서 어떠한 문장에서도 주어가 없는 문장을 완성할 수 없다는 뜻이다. 그러나 우리말은 이러한 대명사를 많이 사용하지 않기 때문에 주어 자체를 생략하는 것으로 생각된다.

우리가 영어를 말할 때 만약 주어를 사용하지 않는다면 어떤 문제점이 있겠는가? 그냥 주체가 없는 정도의 문제는 아니다. 외국 사람들은 버릇이 없다고 생각한다. 예를 들어보자.

여러분들이 외국을 방문했을 때 그 집에서 여러분들에게 반갑게 인사한 후 만약 영어로

"Would you like tea or coffee?"

라고 물어왔을 때, 여러분들이 그냥

"Tea."

라고 대답하면 듣는 외국인은 어떤 느낌으로 듣는지 생각해 보자.
이 대화를 한국어로 설명하면 다음과 같다.

"차와 커피 중에 어떤 것 드시겠어요?"

라고 외국인이 물었을 때, 여러분들 대답은

"차."

라고 한다면 외국인이 얼마나 당신을 버릇이 없다고 하겠는가. 친절하게 물었는데 그냥 "차."라고 대답했으니 말이다.

적어도 대답은

"차가 좋습니다.", 또는 "차를 부탁합니다."정도의 답변이 되어야 할 것이다. 이것을 영어로 옮기면,

여러분들이 잘 아는 "Tea, please."라는 표현이 있겠지만 이 표현보다는 완전한 문장을 만들어야 한다. 완전한 문장이란 어려운 문장이 아니고 주어와 동사를 포함한 표현이어야 한다. 그래서 표현은

"I like tea."

라고 해야 한다.

영어는 우리와 달리 동사에 존칭이 발달하지 않은 언어이다. 이런 점 때문에 외국인이 한국말을 배울 때 가장 힘들어하는 부분도 존칭부분이다. 같은 동사를 경칭과 평어로 구분해서 써야 하는 것이 제일 힘이 든다고 한다. 외국인들의 언어에는 없으니 이해가 간다.

영어로 존칭을 쓸 필요는 없지만 주어가 생략되면 문제가 크다. 주어가 없으면 명령문이 될 수가 있기 때문이다. 그래서 주어와 동사만 문장에 포함되어도 상대편에 대해 무례한 표현은 아니다.

외국 부모님들은 아이들에게 말을 가르칠 때 제일 강조하는 것이 전체문장(full sentence)을 쓰는 것을 가르친다. 예를 들어보자.

만약 다음과 같은 대화가 외국 부모와 아이 사이에 오갔다고 가정하자.

부모: "Son, do you like sandwich or hamburger?"
아이: "Hamburger."

만약 우리의 일상에서 이 대화를 보면 별 무리가 없어 보인다. 한글로 해석해 보자.

부모: "얘야, 샌드위치 먹을래, 아니면 햄버거 먹을래?"
아이: "햄버거."

그러나 영어에서는 대답을 할 때 주어+동사를 항상 써야 한다. 그렇지 않으면 상대편에 대한 결례가 될 수 있다는 점을 명심해야 한다. 그래서 이 경우 외국 부모님들은 다음과 같이 아이들을 지도한다.

부모: "Son, you have to say 'I like hamburger.'"

해석을 해 보면

부모: "얘야, 네가 말할 때 꼭, '나는 햄버거가 좋습니다.'라고 해야 한다."

주어에 대한 중요성은 이 정도로 하고 영어형식에서의 두 번째 공통점을 보자.

영어형식에서 두 번째 중요한 공통점은 주어에 이어 동사를 꼭 사용한다는 것이다. 1형식에서 5형식까지의 공통점은 각 형식에 주어와 동사가 항상 존재한다는 것이다. 즉, 모든 형식에 주어+동사가 있다는 점에 주목해야 한다.

- 1형식: **주어 + 동사**
- 2형식: **주어 + 동사** + 보어
- 3형식: **주어 + 동사** + 목적어
- 4형식: **주어 + 동사** + 간접목적어 + 직접목적어
- 5형식: **주어 + 동사** + 목적어 + 목적보어

공통적으로 있는 주어+동사를 새로운 주어, 즉 서술형 주어로 변형하면 영어문장의 순서가 한글 순서와 같아질 수 있어 영어문장의 순서에 따라 한글해석이 가능하게 된다. 각 형식별로 자세히 살펴보자.

가 1형식

- 1형식: <u>주어 + 동사</u> ⇨ 동일순서로 한글해석
  * 부사(구)가 붙을 경우는 <u>주어 + 동사를 한글 서술형 주어로 해석</u>

1형식은 주어 + 동사로 이루어진 문장으로서 한글 문장형식과 동일하다. 따라서 주어 + 동사로만 이루어진 문장은 별도의 해석기법은 필요하지 않다.

예를 들어보자.

"He went."

한글로 해석하면

"그는(He) 갔다(went)."

로서 영어문장의 순서대로 한글해석이 된다. 그러나 1형식은 주어와 동사만으로 구성되는 경우는 거의 드물다. 뒤의 동사를 꾸며주는 말들이 항상 따라온다. 전치사구나 부사(구) 등 여러 형태의 보조하는 말들이 동사 뒤에 붙는다. 이 경우에는 영어문장 순서와는 다르게 한글해석이 된다.

위의 예문에 추가된 말들이 있는 경우를 보자.

"He went to the bus station."

앞의 주어+동사에 전치사구인 'to the bus station'이 추가 되었다. 이 경우 기존의 해석방법으로 해석을 하면 다음과 같다.

"그는(He) 버스정류장으로(to the bus station) 갔다(went)."

이 해석을 도표로 나타내면 아래와 같다.

🔊 기존 해석 도표

화살표 방향에서 나타나듯이 간단한 문장이지만 영어문장의 오른쪽에서 왼쪽으로 해석한다. 영어문장의 순서와 한글해석이 다른 방향으로 진행된다는 것을 볼 수 있다. 영어문장이 쓰인 순서와 반대방향으로 해석이 가능한 이유는 무엇인가?

앞에서 설명했듯이, 영어문장을 거꾸로 해석할 수 있는 이유는 영어문장 전체가 표시되어 있기 때문이다. 다시 설명하면 영어문장의 진행은 왼쪽에서 오른쪽으로 한 단어, 한 단어씩 진행됨에도 불구하고 기존의 해석방식은 영어문장 전체가 다 표시되어 있다고 생각하고 문장을 뒤에서부터 해석을 하는 것이다.

새로운 해석방법의 단계를 보자. 한 단어, 한 단어에 따라 문장이 진행되고 있음을 볼 수 있다. 앞으로 새로운 해석방법은 "영어를 한글처럼 술술해석하기" 약자로서 "술술해석"으로 소개하고자 한다.

🔊 술술해석법

단계	영어문장	술술해석
1	He	그는
2	He went to	그가 간 곳은
3	He went to the bus station.	그가 간 곳은 버스 정류장이다.

1단계는 주어만 있으므로 영어와 한글의 순서 차이는 없다.

2단계를 보면 동사가 등장한다. 주어+동사가 존재하는 단계이다. 이 단계에서는 주어의 행동을 표시하는 동사가 나왔으므로 주어는 어떤 행동을 한다는 것을 의미한다. 여기에서는 주어가 목적지가 어디인지는 모르지만 갔다는 의미를 나타내고 있다. 문장을 끝까지 읽지 않고도 주어가 행동을 했다는 의미를 나타낸다.

우리가 생각해 볼 수 있는 것은 목적지가 언제라도 바뀔 수 있다는 것이다. 주어와 동사만 표시되었기 때문에 목적지는 말하는 사람의 의도에 따라 달라질 수 있다는 뜻이다. 이 단계에서는 목적지를 모르기 때문에 bus station일지 school일지, hometown일지 아무도 모른다. 오직 글을 쓰는 사람 또는 말을 하는 사람만이 알 수 있다.

기존의 해석방법, 즉, 오른쪽에서 왼쪽으로 해석하는 방법이 가능한 이유는 문장 전체가 항상 주어진다고 생각하기 때문에 가능했지만 영어문장의 진행은 절대 문장의 끝을 알 수 없도록 한 단어, 한 단어씩 왼쪽에서 오른쪽으로 진행된다는 점을 생각해 보아야 한다.

따라서 술술해석에서 나타난 것과 같이 주어+동사를 한글 서술형 주어로 새로운 주어를 만들어야 한다. 이 예문에서는

> "He went" → "그가 간 곳은"

으로 표시하면 된다. 이렇게 주어와 동사를 새로운 서술형 주어로 표시하면 영어문장의 순서와 한글해석 순서가 같아진다. 또한 목적지에 대해 미리 알 필요도 없다. 내가 간 행동만 해석하게 되므로 목적지는 자연히 뒤에 붙으면 된다.

여기서 잠시 술술해석에서 시제가 어떻게 적용되는지 잠시 살펴보자. 앞의 예문은 go의 과거 표현인 went를 사용했다. go동사의 시제별로 적용되는 해석은 다음과 같다.

```
He go → 그가 가는 곳은(현재)
He will go → 그가 갈 곳은(미래)
He went → 그가 간 곳은(과거)
He have gone → 그가 갔던 곳은(현재완료)
He had gone → 그가 갔었던 곳은(과거완료)
```

위에서 보듯이 동사의 시제변화에 따라 술술해석은 그 시제에 맞도록 한글로 해석만 붙이면 된다.

이제 3단계로 넘어가 보자.

3단계에서는 목적지가 나타났다. 2단계에서 처리했던 '내가 간 곳은'이란 해석 뒤에 목적지만 붙이면 된다. 즉, "내가 간 곳은 버스정류장이다." 라고 해석할 수 있다.

"He went to the bus station." → "내가 간 곳은 버스 정류장이다."

이 술술해석 진행순서를 도표로 표시해 보자.

🔊 술술해석 순서

문장	He went to the bus station.
진행순서	① → ② → ③
술술해석	그가 간 곳은 버스정류장이다.
기존 해석	그는 버스정류장으로 갔다.

도표에서 볼 수 있듯이 술술해석에서는 영어문장의 진행순서와 한글해석의 진행순서가 같아지는 것을 볼 수 있다.

독자들 중 일부는 너무 짧은 문장을 굳이 이렇게 할 필요가 있냐고 반문할 사람들도 있을 것이다. 물론 아주 짧은 글들은 한눈에 들어오기 때문에 기존의 해석방법을 사용해도 될지 모르지만 문제는 문장이 길어질 경우이다. 만약 이 문장이 다음과 같이 길어지면 어떻게 하겠는가?

먼저 우리가 힘들어하는 관계사 문장이다.

"I went to the bus station **which** was located in Busan."

만약 다음과 같이 부정사 문장이 추가된다면 어떻게 할 것인가?

"I went to the bus station **to pick** up my son."

만약 다음과 같이 분사가 붙으면 어떻게 할 것인가?

"I went to the bus station **built** in 1960."

예문에 위와 같이 다양한 종류의 문장들이 추가될 수 있다. 관계사, 부정사, 분사 등 동사의 역할이 있는 내용들은 문장 형식을 설명하고 다음 장에서 자세히 다룰 예정이다. 만약 위의 관계사, 부정사, 분사 영어문장들을 영어문장의 순서에 따라 한글해석을 할 수 있다면 영어를 읽는 것이 얼마나 쉬워지겠는가? 한 번 기대를 해 보자.

일단 1형식에서는 주어+동사를 한글 서술형 주어로 처리함으로써 영어문장의 순서에 따라 한글해석이 가능하다는 것을 보여줬다. 예를 하나 더 해 보자.

"The airplane flies in the sky."

이 문장에서 주어와 동사를 찾아보자. The airplane이 주어이고 동사는 flies이다. 주어와 동사를 묶어서 보자. "The airplane flies"이다. 이 주어+동사를 한글 서술형 주어로 바꿔보자.

"The airplane flies"→ "비행기가 날아가는 것은"

으로 표시할 수 있다. 이제 뒤에 따라오는 전치사구만 연결하면 된다.

"<u>The airplane flies</u> in the sky." → "<u>비행기가 날아가는 곳은</u> 하늘이다."

제3장 | 영어문장 형식에 따른 술술해석법 63

로 해석된다.

영어문장의 순서와 한글해석이 같이 진행된다는 것을 볼 수 있다.

다음 1형식의 기본 연습문제를 풀어보자.

연습문제는 문장이 끝까지 주어져 있지 않는 점을 감안하여 단계별로 표시되었다. 또한 기본 연습문제는 관계사, 부정사, 분사 등이 포함되어 있지 않는 순수한 1형식 문장으로 표시되어 있으며 관계사 등이 포함된 응용 연습문제는 제4장의 문법편을 완성한 후 풀어볼 수 있을 것이다.

1형식 기본 연습문제 정답 · 198p

1. My son goes to the library.

단계	영어문장	술술해석
1	My son	
2	My son goes to	
3	My son goes to the library.	

2. We climb over the mountain.

단계	영어문장	술술해석
1	We	
2	We climb over	
3	We climb over the mountain.	

3. My children run around the playground.

단계	영어문장	술술해석
1	My children	
2	My children run around	
3	My children run around the playground.	

4. A bird flies in the sky.

단계	영어문장	술술해석
1	A bird	
2	A bird flies	
3	A bird flies in the sky.	

5. My parents stay in the hospital.

단계	영어문장	술술해석
1	My parents	
2	My parents stay	
3	My parents stay in the hospital.	

6. A young couple walk to the lake.

단계	영어문장	술술해석
1	A young couple	
2	A young couple walk to	
3	A young couple walk to the lake.	

7. Smith moves to Busan.

단계	영어문장	술술해석
1	Smith	
2	Smith moves to	
3	Smith moves to Busan.	

8. My mother pays with cash.

단계	영어문장	술술해석
1	My mother	
2	My mother pays with	
3	My mother pays with cash.	

9. A cute boy cries at the department store.

단계	영어문장	술술해석
1	A cute boy	
2	A cute boy cries at	
3	A cute boy cries at the department store.	

10. My husband works at a famous company.

단계	영어문장	술술해석
1	My husband	
2	My husband works at	
3	My husband works at a famous company.	

11. My parents-in-law live near my apartment.

단계	영어문장	술술해석
1	My parents-in-law	
2	My parents-in-law live	
3	My parents-in-law live near my apartment.	

12. A fox fell into the trap.

단계	영어문장	술술해석
1	A fox	
2	A fox fell into	
3	A cat fell into the trap.	

나 2형식

> • 2형식: 주어 + 동사 + 보어 ⇨ 한글서술형 주어 + 보어

2형식의 특징은 주어를 설명하는 보어가 있다는 것이다. 2형식에 나오는 동사는 동사 자체만으로는 완전한 역할을 할 수 없다는 것이다. 그래서 이런 동사를 불완전자동사라고 한다. 간단히 설명하면 불완전하기 때문에 보조하는 말을 붙여서 문장을 만드는 것이다.

다음 예문을 보자.

"The boy became a soldier."

이 문장의 기존 해석은 다음과 같다.

"그 소년은 군인이 되었다."

기존의 해석법을 도표로 보자.

기존 해석 순서

```
The boy   became   a soldier.
  ↑         →    →    ↓
  ①         ③    ←    ②

그 소년은 군인이 되었다.
```

영어문장의 진행방향과 한글해석이 같은 방향으로 진행하지 않는다.

이 예문을 술술해석법으로 해석해 보자.

"The boy became" → "그 소년이 된 것은"

주어와 동사를 새로운 서술형 주어로 해석했다.

"The boy became a solider." → "그 소년이 된 것은 군인이다."

보어를 뒤에 가져다 붙여 해석을 했다.

해석순서를 도표로 나타내 보자.

🔊 술술해석 순서

문장	The boy became a solider.
진행순서	① → ② → ③
술술해석	그 소년이 된 것은 군인이다.
기존 해석	그 소년은 군인이 되었다.

영어문장의 진행방향과 한글해석의 진행방향이 일치되었다.

위의 예문은 동사 뒤에 명사가 나오는 경우지만 2형식에서 동사 뒤에 형용사가 나올 경우는 해석에 약간의 변형을 준다.

예문을 보고 설명하자.

"She looks young."

동사 looks 뒤에 형용사 young이 나왔다.

기존의 해석방식을 도표로 보자.

🔊 기존 해석 순서

```
She  looks  young.
 ↑    →     ↓
 ①    ③  ←  ②
그녀는 젊게 보인다.
```

기존의 해석방식에서는 영어문장의 진행방향과 한글해석의 진행방향이 일치하지 않는 것을 볼 수 있다.

영어문장의 진행방향과 같은 방향으로 해석을 하는 술술해석법으로 해석을 해 보자. 영어문장의 진행 단계별로 보자.

만약 앞의 형태로 주어+동사를 처리한다면

"She looks" → "그녀가 보이는 것은"

으로 처리해야 하지만 한글해석이 어색하다. 2형식에서의 동사 뒤에 형용사가 나올 때는 주어+동사를 합쳐서 하나의 소유격 주어로 처리하면 된다. 즉

"She looks" → "그녀의 모습은"

으로 처리하면 훨씬 깔끔하게 처리를 할 수 있다. 이제 3단계로 넘어가 보자. 2단계까지 주어와 동사를 처리했기 때문에 뒤에 나오는 말을 그대로 한글해석에 붙이면 된다.

"She looks young." → "그녀의 모습은 젊다."

술술해석의 결과를 도표로 처리해 보자.

🔊 술술해석 순서

문장	She looks young.
진행순서	① → ② → ③
술술해석	그녀의 모습은 젊다.
기존 해석	그녀는 젊어 보인다.

영어문장의 진행순서와 한글해석의 진행순서가 일치한다.

2형식의 기본 연습문제를 풀어보자.

2형식 기본 연습문제 정답 · 201p

1. My daughter will become a teacher.

단계	영어문장	술술해석
1	My daughter	
2	My daughter will become	
3	My daughter will become a teacher.	

2. Mr. Obama is the president of the U.S.

단계	영어문장	술술해석
1	Mr. Obama	
2	Mr. Obama is	
3	Mr. Obama is the president of the U.S.	

3. My husband's face turned red.

단계	영어문장	술술해석
1	My husband's face	
2	My husband's face turned	
3	My husband's face turned red.	

4. That sounds unfair.

단계	영어문장	술술해석
1	That	
2	That sounds	
3	That sounds unfair.	

5. My sister-in-law looks young.

단계	영어문장	술술해석
1	My sister-in-law	
2	My sister-in-law looks	
3	My sister-in-law looks young.	

6. You keep silent.

단계	영어문장	술술해석
1	You	
2	You keep	
3	You keep silent.	

7. My mother continued to be tough.

단계	영어문장	술술해석
1	My mother	
2	My mother continued	
3	My mother continued to be tough.	

8. You look beautiful.

단계	영어문장	술술해석
1	You	
2	You look	
3	You look beautiful.	

9. I feel good.

단계	영어문장	술술해석
1	I	
2	I feel	
3	I feel good.	

10. My son grew wiser.

단계	영어문장	술술해석
1	My son	
2	My son grew	
3	My son grew wiser.	

11. The flower smells good.

단계	영어문장	술술해석
1	The flower	
2	The flower smells	
3	The flower smells good.	

12. They stay close.

단계	영어문장	술술해석
1	They	
2	They stay	
3	They stay close.	

다 3형식

> • 3형식: 주어 + 동사 + 목적어 ⇨ 한글 서술형 주어 + 목적어

3형식은 우리가 흔히 영어문법과 한글문법의 차이를 설명할 때 사용할 만큼 아주 중요한 문장 형식이다. 3형식의 영어문장을 영어문장의 진행방향과 같은 방향으로 한글해석을 할 수 있는 방법을 보자.

예문을 보자.

"I love you."

우리가 볼 수 있는 가장 흔한 문장이다. 이 문장을 기존의 방식으로 해석해 보자.

"나는(I) 당신을(you) 사랑한다(love)."

괄호 안의 영어만을 다시 표기해 보면 다음과 같다.

"I you love."

영어원문과 일치하지 않는다. 이유는 무엇인가? 영어문장을 한글순서에 맞춰 재편하여 해석을 한 결과다. 이 결과를 도표로 표시해 보면 영어문장의 순서와는 다르게 표시된다는 점을 알 수 있다.

🔊 기존 해석 방식

```
 I    love   you.
 ↑    →  →   ↓
 ①    ③  ←   ②
나는 당신을 사랑한다.
```

앞에서도 설명한 바와 같이 이렇게 영어문장 순서와 한글해석 순서가 다른 이유는 영어문장을 끝까지 읽고 거꾸로, 오른쪽에서 왼쪽으로 해석을 하기 때문이다.

이 문장을 술술해석법을 적용해 보자.

🔊 술술해석법

단계	영어문장	해석
1	I	나는
2	I love	내가 사랑하는 것은
3	I love you.	내가 사랑하는 것은 당신이다.

단계별로 설명해 보자.

1단계에서는 주어만 나오기 때문에 영어문장과 한글해석의 차이는 없다.

"I" → "나는"

2단계에서도 주어와 동사까지만 나오기 때문에 어려움이 없다. 그러나 love 뒤에 목적어가 따라 온다는 점을 생각하면 영어문장의 주어+동사를 한글해석의 서술형 주어로 만들어야 한다.

"I love" → "내가 사랑하는 것은"

이 부분에서 기존의 해석방식은 동사를 건너뛰어 목적어부터 해석을 하게 되는데 이 문장을 쓰는 사람의 입장에서 보면 사랑하는 사람이 누구인지 알 수 있지만 이 문장을 읽는 우리는 이 글을 쓰는 사람이 누구를 사랑할지 모른다.

즉, you일 수도 있고, his father일 수도 있다. 또한 사람만이 아니고 스포츠 등 사랑의 대상은 다양해 질 수 있다. 사랑하는 대상이 누구인지는 우리는 모른다는 것이다. 그렇지만 우리는 동사를 무시하고 당연히 사랑의 대상인 목적어부터 해석을 해 오고 있다. 영어의 전체문장이 주어지기 때문에 생기는 문제점이다.

이제 3단계는 사랑의 대상이 나온다.

"I love you." → "내가 사랑하는 것은 당신이다."

술술해석법으로 해석한 내용을 도표로 정리해 보면 다음과 같다.

🔊 술술해석법

문장	I love you.
진행순서	① → ② → ③
술술해석	내가 사랑하는 것은 당신이다.
기존 해석	나는 당신을 사랑한다.

여러분들은 1형식의 기본 예문과 마찬가지로 예문이 아주 짧기 때문에 굳이 이렇게 해석을 할 필요가 있는가라는 의문을 제기할 것이다. 물론 예문과 같이 짧은 문장은 한눈에 들어오기 때문에 문제가 되지 않을 수 있다.

그러나 영어문장의 3형식은 맨 마지막에 목적어가 오고 그 목적어에 명사가 오면 명사를 꾸미는 관계사, 부정사, 분사 등이 따라오게 된다. 이 경우 다음과 같이 여러 형태의 문장으로 전개될 수 있다.

우리가 자주 볼 수 있는 관계사가 추가된 3형식 문장이다.

"I love him **who** is staying in the U.S.A."

분사구문이 추가된 3형식 문장이다.

"I love him **killed** in the Korean War."

관계사 등 추가 문법에 대해서는 제4장에서 설명한 후에 영어문장의 순서와 한글해석 순서가 일치되는 방법을 설명하도록 하자.

3형식 예문을 하나 더 보도록 하자.

"**I will buy** a house."

이 예문을 앞에서 소개한 술술해석법으로 해결하면 어려움이 없다.

> "I will buy" → "내가 살 것은"
> "I will buy a house." → "내가 살 것은 집이다."

영어문장의 진행순서와 한글해석의 진행순서가 일치하게 된다.

3형식에서 만약 목적어가 1개 이상일 경우는 어떤지 보자. 이 부분에서 필자가 영어문장의 순서와 한글해석 순서를 일치시키기 위해 개발한 '영어, 한글처럼 해석하기'는 놀라운 실력을 발휘한다.

다음 예를 보면서 설명하자.

"**I will buy** a house, a TV and a car."

이 문장을 기존의 방식으로 해석해 보자.

🔊 기존 해석 방식

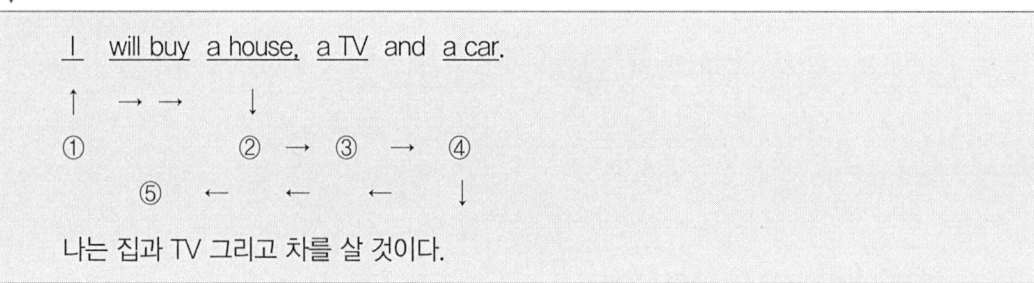

해석 진행도표를 보면 알 수 있듯이 복잡하게 진행된다. 주어와 동사 사이에 3개의 목적어를 해석한 후 동사를 해석함으로써 영어문장이 쓰인 순서와는 달리 한글해석이 된다.

만약, 이 문장을 술술해석법으로 하면 어떨까? 과연 영어문장의 진행순서와 한글해석 순서를 일치시킬 수 있을까? 정답은 yes이다.

순서대로 해석해 보자.

"I will buy" → "내가 살 것은"

주어와 동사(I will buy)를 합쳐서 한글해석의 서술형 주어(내가 살 것은)를 만들었다.

그리고 그 뒤에 목적어 3개를 붙이면 된다.

"<u>I will buy</u> a house, a TV and a car." → "**<u>내가 살 것은</u>** 집과, TV 그리고 차이다."

이 해석 흐름을 도표로 표시해 보자.

🔊 술술해석법

<u>I</u>　<u>will buy</u>　<u>a house,</u>　<u>a TV</u>　and　<u>a car</u>.
① → ② → ③ → ④ → ⑤

내가 살 것은 집과 TV, 그리고 차이다.

영어문장의 진행순서와 한글해석의 진행순서가 완전히 일치함을 알 수 있다.

목적어가 많이 올수록 술술해석법이 빛이 난다는 것을 볼 수 있다. 위의 예에서는 목적어에 단순히 명사들만 사용되었지만 목적어에 주어, 동사가 포함되는 문장이 올 경우는 술술해석이 더 편하다는 것을 알 수 있다.

예를 들어보자.

"**We have to decide** what we are going to do, when we are going to do it, and where we should go."

이 문장에서는 목적어에 문장이 3개나 들어있다. 이 문장을 기존의 방식으로 해석해 보자.

"**우리는** 우리가 무엇을 하고, 언제 하고, 어디로 가야 할지를 **결정해야 한다**."

영어문장에서 주어와 동사가 붙어 있음에도 불구하고 한글해석은 주어와 동사가 떨어져 있고 목적어가 문장들이 될 경우는 떨어지는 거리는 그 만큼 더 길어지는 것을 볼 수 있다.

이 문장을 술술해석법으로 해석해 보자.

> "We have to decide what we are going to do, when we are going to do it, and where we should go."
>
> "우리가 결정해야 하는 것은 우리가 무엇을 해야 하고, 언제 해야 하고, 어디로 가야할지에 대한 것이다."

영어문장의 주어와 동사가 문장 맨 앞에 위치한 것과 마찬가지로 한글해석에서도 주어와 동사가 해석문장의 맨 앞에 위치한다. 즉, 영어문장의 진행방향과 한글해석의 진행방향이 일치한다는 것을 볼 수 있다.

3형식 기본 연습문제를 풀어보자.

3형식 기본 연습문제 정답 · 204p

1. We will practice the violin.

단계	영어문장	술술해석
1	We	
2	We will practice	
3	We will practice the violin.	

2. My husband plays tennis.

단계	영어문장	술술해석
1	My husband	
2	My husband plays	
3	My husband plays tennis.	

3. They hate each other.

단계	영어문장	술술해석
1	They	
2	They hate	
3	They hate each other.	

4. Students eat lunch.

단계	영어문장	술술해석
1	Students	
2	Students eat	
3	Students eat lunch.	

5. My mom saves money.

단계	영어문장	술술해석
1	My mom	
2	My mom saves	
3	My mom saves money.	

6. The boys broke the window.

단계	영어문장	술술해석
1	The boys	
2	The boys broke	
3	The boys broke the window.	

7. She pushes the cart.

단계	영어문장	술술해석
1	She	
2	She pushes	
3	She pushes the cart.	

8. The old man opened the door.

단계	영어문장	술술해석
1	The old man	
2	The old man opened	
3	The old man opened the door.	

9. He turned on the light.

단계	영어문장	술술해석
1	He	
2	He turned on	
3	He turned on the light.	

10. The maid cleaned the house.

단계	영어문장	술술해석
1	The maid	
2	The maid cleaned	
3	The maid cleaned the house.	

11. I moved the chair and the table.

단계	영어문장	술술해석
1	I	
2	I moved	
3	I moved the chair	
4	I moved the chair and the table.	

12. My wife doesn't like sports.

단계	영어문장	술술해석
1	My wife	
2	My wife doesn't like	
3	My wife doesn't like sports.	

라 4형식

> • 4형식: <u>주어 + 동사 + 간접목적어</u> + 직접목적어
> ⇩
> <u>한글 서술형 주어</u> + 직접목적어

지금까지 영어문장형식 중 1~3형식을 영어문장의 진행방향과 한글해석의 진행방향을 일치시키는 방법에 대해 설명했다. 이번에 설명할 영어문장의 4형식은 다른 형식과는 조금 다른 점이 있다. 먼저 문장의 1~5형식을 다시 한 번 보자.

> • 1형식: **주어** + 동사
> • 2형식: **주어** + 동사 + 보어
> • 3형식: **주어** + 동사 + 목적어
> • 4형식: **주어** + 동사 + **간접목적어** + 직접목적어
> • 5형식: **주어** + 동사 + **목적어** + 목적보어

이번에는 각 영어문장 형식에 몇 사람이 등장하는가를 보자. 즉, 주체가 몇 명이며 이들의 역할은 무엇인지 보자.

1형식과 2형식, 3형식은 몇 명의 사람이 등장하는가? 바로 1명의 인물, 주어만이 등장한다. 한명의 주체가 행동을 한다는 뜻이다.

그러면 4형식은 어떤가? 4형식은 두 사람이 등장한다. 즉, 주는 사람(주어)과 받는 사람(간접목적어)이 등장한다.

그럼 5형식은 몇 명의 사람이 등장하는가? 5형식도 두 사람이 등장한다. 주어와 목적어가 등장한다.

1~3형식은 한 사람만이 등장하므로 자신이든, 상대방이든, 그들이든, 누구든 한명의 행동주체만 생각하면 되지만 4, 5형식은 두 사람을 생각해야하는 점이 다르다.

그러면 4형식과 5형식의 차이점은 없는가? 문장형식에 두 사람이 같이 등장하는데 왜 4형식과 5형식을 별도로 구분했을까? 차이점이 있다.

> 4형식은 두 사람이 등장하지만 한 사람은 행동을 하고 한 사람은 받기만 한다.

받는 사람을 우리는 간접목적어라 배웠다. 이 간접목적어에 등장하는 인물은 행동을 하지 않는다. 그냥 받기만 한다. 그래서 간접목적어 뒤에는 동사가 오지 않는다. 받을 내용이 오기 때문에 명사가 주로 오게 된다.

그러나 5형식은 다르다.

> 5형식에도 두 사람이 등장하지만 이 두 사람 모두가 행동을 한다.

행동을 하는 형태도 각자 행동을 하긴 하지만 주어의 영향을 목적어가 받는다. 그 예로서 사역동사가 있다. 주어가 시켜서 목적어가 어떤 행동을 실행하는 것이다. 주어가 하는 행동을 동사로서 표현한다면, 목적어가 하는 행동을 목적보어라고 한다. 두 명의 등장인물에 두 개의 동사형태가 들어가게 된다.

5형식은 다음에 설명하기로 하고 이번에 설명할 4형식을 다시 한 번 살펴보자. 4형식 영어문장을 영어문장이 진행되는 방향과 같은 방향으로 한글해석을 진행시키기 위해 예문을 들어 설명한다.

"I gave him a book."

우선 앞에서 설명한 4형식의 특징을 보여주기 위해 문장을 자세히 들여다보자.

이 문장에서는 두 사람이 등장한다. 주어인 I와 간접목적어인 him이다. 두 사람의 차이는 앞에서 설명한 바와 같이 I는 행동을 하지만 him은 행동을 하지 않는다. I는 주는 행동(gave)를 하지만 him은 그냥 받기만 한다.

여러분들은 영어형식에서 (직접)목적어는 왜 문장 맨 뒤편에 위치한다고 생각하는가? 영어의 3형식과 4형식에서 목적어는 맨 뒤에 위치하고 있다. 그리고 1형식에도 전치사구가 나올 때 맨 뒤에는 주로 명사가 나온다. 왜 그럼 목적어인 명사가 문장 맨 뒤에 위치할까 궁금해진다.

그것은 바로 명사를 수식하는 말을 명사 뒤에 쓰기 위해서이다. 명사 뒤에 수식할 수 있는 말은 관계사, 분사, 부정사 등이 온다. 예를 들면 이런 문장형태이다.

> 1형식: I went to the school **to study** Math.

1형식의 맨 뒤에 명사(the school)로 끝이 났으며 그 명사를 좀 더 구체적으로 설명하기 위해 부정사(to study)를 추가한 경우이다.

> 3형식: I bought a book **written** in 1960.

3형식의 맨 뒤에 명사(a book)로 끝이 났으며 그 명사를 꾸미기 위해 분사(written)을 추가한 경우이다.

이러한 영어문장 형태로 인해 4형식도 문장의 맨 뒤에 직접목적어로서 명사를 가져오게 된다. 그 이유는 바로 명사를 나중에 좀 더 구체적으로 설명할 말을 추가하기 위해서이다.

그러면 이 예문을 기존의 해석방식으로는 어떻게 해석을 했는지 살펴보자.

"I gave him a book."

🔊 **기존 해석 방식**

```
 I    gave    him    a book.
 ↑     →      →      ↓
 ①     ④      ②  →   ③
 ↑     ←      ←      ↓
 나는  그에게  책을   주었다.
```

기존의 영어해석은 조금 복잡해 보인다. 이 예문을 영어문장이 진행되는 방향과 한글해석이 같은 방향으로 진행하도록 해 보자. 술술해석법을 적용한 도표를 보자.

🔊 **술술해석법**

단계	영어문장	술술해석
1	I	나는
2	I gave	내가 준 것은
3	I gave him	내가 그에게 준 것은
4	I gave him a book.	내가 그에게 준 것은 책이다.

술술해석법을 단계별로 적용해 보자.

1단계는 주어만 있으므로 영어문장과 한글해석에는 차이가 없다.

> "I" → "나는"

2단계도 지금까지의 주어+동사를 한글해석의 서술형 주어로 만들면 된다. 즉, "I gave"를 "내가 준 것은"으로 표시하면 된다.

> "I gave" → "내가 준 것은"

3단계는 지금까지의 방법과는 조금 다르다. 4형식에서는 목적어가 두 개 등장한다. 어떤 물건을 받는 대상인 간접목적어와 그 물건에 해당하는 직접목적어가 있다.

✓ 3단계에서는 물건을 받는 대상인 간접목적어를 주어와 동사에 묶어서 해석을 해야 한다.

그렇게 하는 이유는 직접목적어를 맨 마지막에 남겨놓기 위해서이다.

앞에서 설명한 바와 같이 직접목적어는 문장의 맨 뒤에 위치해서 직접목적어를 꾸미는 말들이 뒤에 따라오기 때문에 직접목적어를 제외한 나머지 말들을 한글해석의 서술형 주어로 처리하면 한글 어순의 주어+목적어 형태를 만들 수 있다.

즉, 영어문장의 **주어+동사+간접목적어**를 한글해석의 **서술형 주어**로 만들면 된다. 문장에 적용해 보자.

"I gave him" → "내가 그에게 준 것은"

이제 4단계로 넘어가자. 4단계에 남아 있는 것은 직접목적어이다.

"I gave him a book." → "내가 그에게 준 것은 책이다."

4형식의 술술해석 흐름을 도표로 나타내 보자.

🔊 술술해석법

문장	I gave him a book.
진행순서	↑ → ↓ ① ③ ← ② ④ ↓ → → ↑
술술해석	내가 그에게 준 것은 책이다.
기존 해석	나는 그에게 책을 주었다.

예문의 앞부분이 약간 복잡해 보이지만 여기서 중점을 주어야 할 사항은 직접목적어를 맨 뒤에 처리할 수 있도록 한 점이다. 직접목적어가 어떻게 꾸며지는지 예문을 들어보자.

"I gave him a book **(which)** I had bought yesterday."(관계대명사)

"I gave him a book **written** in English."(분사구문)

"I gave him a book **for** his birthday."(전치사구)

이렇게 다양한 형태로 직접목적어를 꾸밀 수 있다. 4형식에 관계사 등이 추가되는 문장의 술술해석은 제4장에서 다루기로 한다.

4형식의 기본 연습문제를 풀어보자.

4형식 기본 연습문제 정답 · 207p

1. She bought him an expensive watch.

단계	영어문장	술술해석
1	She	
2	She bought	
3	She bought him	
4	She bought him an expensive watch.	

2. He gave his mom some money.

단계	영어문장	술술해석
1	He	
2	He gave	
3	He gave his mom	
4	He gave his mom some money.	

3. My daughter asked me a lot of questions.

단계	영어문장	술술해석
1	My daughter	
2	My daughter asked	
3	My daughter asked me	
4	My daughter asked me a lot of questions.	

4. My husband will build me a beautiful house.

단계	영어문장	술술해석
1	My husband	
2	My husband will build	
3	My husband will build me	
4	My husband will build me a beautiful house.	

5. The gentleman handed her a bunch of flowers.

단계	영어문장	술술해석
1	The gentleman	
2	The gentleman handed	
3	The gentleman handed her	
4	The gentleman handed her a bunch of flowers.	

6. The president offered him a prize.

단계	영어문장	술술해석
1	The president	
2	The president offered	
3	The president offered him	
4	The president offered him a prize.	

7. She cooks me a delicious sandwich.

단계	영어문장	술술해석
1	She	
2	She cooks	
3	She cooks me	
4	She cooks me a delicious sandwich.	

8. The police will give him a ride.

단계	영어문장	술술해석
1	The police	
2	The police will give	
3	The police will give him	
4	The police will give him a ride.	

9. She will write him a letter.

단계	영어문장	술술해석
1	She	
2	She will write	
3	She will write him	
4	She will write him a letter.	

10. The father taught him English.

단계	영어문장	술술해석
1	The father	
2	The father taught	
3	The father taught him	
4	The father taught him English.	

11. The sales woman showed her a new bag.

단계	영어문장	술술해석
1	The sales woman	
2	The sales woman showed	
3	The sales woman showed her	
4	The sales woman showed her a new bag.	

12. She promised her mom a better grade.

단계	영어문장	술술해석
1	She	
2	She promised	
3	She promised her mom	
4	She promised her mom a better grade.	

마 5형식

> • 5형식: 주어 + 동사 + 목적어 + 목적보어
> ⇩
> 한글 서술형 주어 + 목적어 + 목적보어

필자가 "영어, 한글처럼 해석하기"의 특허를 개발하면서 가장 자부심을 가진 분야가 5형식의 영어문장을 영어문장의 순서대로 한글로 해석을 하는 것이었다. 우리가 영어공부를 하면서 가장 힘들어 하는 부분 중의 하나가 5형식이었기 때문이었다.

그 이유는 무엇일까? 왜 5형식은 우리에게 늘 어려운 분야일까?

5형식은 앞에서 잠시 언급했듯이 1형식에서 4형식과는 다른 형태의 영어문장 형식이다. 1형식에서 4형식까지는 주어만 행동을 하고 나머지는 행동을 하는 사람은 없다. 4형식에 나오는 목적어도 어떤 대상을 받기만 할 뿐 본인이 행동을 하지 않는다. 그래서 어떤 면에서 보면 한 사람의 행동만 신경을 쓰면 되므로 그렇게 복잡한 부분은 없다.

그러나 5형식은 다르다. 5형식은 두 사람이 등장한다.

> 5형식은 주어와 목적어 두 사람이 등장하고 주어는 동사, 목적어는 목적보어 형태로 각각 활동을 한다.

두 사람과 두 개의 동사가 등장하기 때문에 5형식은 읽는 것도 어렵지만 듣는 것도 어렵다.

그런데 이 어려움에 더 어려움을 가중시키는 것이 있다. 바로 영어문장이 쓰인 순서대로 읽지 않아 혼란이 가중된다. 두 사람이 등장하므로 어느 사람이 어떤 행동을 하는지 잘 알아야 하는데 우리의 기존 해석방식은 영어문장에서 짝을 지어 놓은 주어와 동사를 분리해서 해석함으로써 혼란을 자초하게 된다.

필자는 5형식을 보면서 영어가 정말 쉽고 실용적인 언어라고 느꼈다. 5형식은 주어와 주어의 행동을 하는 동사를 같이 붙여 놓고, 목적어와 목적어가 행동하는 목적보어를 같이 붙여 놓았다. 즉, 행위의 주체와 행동의 내용을 서로 간에 붙여 놓아 누가 무엇을 하는지에 대해서 명확히 하고자 했다. 예문을 보자.

"I asked him to leave."

이 문장에서

- 주어와 동사(I asked)는 서로 붙어있고,
- 목적어와 목적보어(him to leave)가 붙어있다.
  즉, 행동의 주체와 행동이 서로 붙어 있다는 것이다.

그러나 이러한 쉬운 5형식 문장도 우리의 한글 방식대로 풀면 어려워진다. 우리말에 영어를 맞춰 찢어 버리면 영어의 순서가 흐트러지고 영어가 가진 간결함은 없어지게 된다. 이로 인해 우리는 시험에서 5형식만 나오면 힘들어하게 된다. 이 점을 노리고 시험 출제자들은 5형식의 시험문제를 가장 많이 출제하고 있다.

여러분들이 들어본 5형식 관련 내용만 해도 많다. 지각동사, 사역동사와 목적어를 꾸미는 형태인 과거분사, 현재분사, 그리고 5형식의 특징적인 말인 의미상의 주어 등 수 많은 용어들이 5형식에 접목되어 시험에 단골로 등장한다.

이제 그 지긋지긋한 5형식을 정말 간편하게 해석하는 방법을 소개한다.

먼저 위의 예문을 다시 한 번 보자.

"I asked him to leave."

이 문장을 기존의 방식으로 해석을 해 보자.

🔊 기존 해석 방식

```
I   asked   him   to leave.
↑    →   →    ↓
①    ④    ②  →  ③
↑    ←   ←    ↓
나는  그에게  떠나기를  요청했다.
```

이 도표에서 보듯이 영어에서 묶여있는 주어(I)와 동사(asked)를 분리해서 해석을 했다. 그러나 이러한 분리는 주어가 하나 뿐인 다른 문장형식에서는 혼돈을 주지 않을 수도 있지만 행동을 하는 주체가 두 개인 5형식 문장에서는 상당한 혼돈을 주게 된다.

앞의 한글해석을 영어로 표기한 것을 다시 한 번 보자.

- 영어 예문: I asked him to leave.
- 기존 해석: <u>나는</u>(I) <u>그가</u>(him) <u>떠나기를</u>(to leave) <u>요청했다</u>.(asked)
         사람   사람   동사   동사

기존 해석의 괄호 안의 순서를 보면 사람+사람+동사+동사가 된다.
즉, **두 명의 사람과 (I, him) 두 개의 동사**(leave, asked)로 배열된다.

이 배열에서는 주어와 목적어가 같이 나오게 되어 주체가 2명이 나란히 등장함으로써 주체가 헷갈릴 수 있는 여지를 주고 있으며 나아가 목적보어와 동사를 같이 배열함으로써 어느 주체가 어느 동사에 영향을 주는지 혼란을 야기한다.

간단히 말하면,

✓ 한글해석에서는 두 명이 한꺼번에 등장하고, 행동하라는 두 개의 명령이 한꺼번에 주어진다면 어떤 사람이 어떤 행동을 해야 하는지를 구분하는 것이 어렵다.

물론 한글해석만 본다면 우리말이니 어려움이 없겠지만 영어로 표기되어 있을 경우는 이야기가 다르다. 이런 이유로 해서 5형식이 우리에게 어려운 이유이다.

그러면 영어문장 순서대로 해석하는 방법은 없을까? 여러분이 새로운 방법을 만난다면 정말 새로운 느낌이 들것이다. "5형식이 이렇게 쉽게 해석될 수 있구나!"라고 생각할 것이다.

지금까지 우리가 사용했던 방법인 영어문장의 주어+동사를 한글해석의 서술형 주어를 5형식 문장에 적용해 보자.

먼저 해석단계로 나타내 보자.

🔊 술술해석법

단계	영어문장	술술해석
1	I	나는
2	I asked	내가 요청한 것은
3	I asked him	내가 요청한 것은 그가
4	I asked him to leave.	내가 요청한 것은 그가 떠나는 것이었다.

1단계는 주어만 등장하므로 영어문장 순서와 한글해석 순서의 차이점은 없다.

"I" → "나는"

2단계는 주어+동사이다. 주어와 동사가 등장하면 술술해석법이 적용되어야 한다. 즉, 영어문장의 주어+동사는 한글해석의 서술형 주어로 만들어야 한다.

"I asked" → "내가 요청한 것은"

3단계는 목적어가 등장한다. 목적어를 주어처럼 붙이면 된다.

"I asked him" → "내가 요청한 것은 그가"

4단계에서는 목적어가 취할 행동이 나타난다. 목적보어의 역할이다. 목적어 뒤에 바로 붙여서 해석하면 된다.

> "I asked him to leave." → "내가 요청한 것은 그가 떠나는 것이었다."

이 부분에서 우리가 눈여겨보아야 할 부분이 있다. 지금까지 여러분들이 5형식을 해석할 때 수없이 들어보았던 "의미상의 주어"라는 말이 필요 없다는 것이다.

> ✅ 술술해석을 하면 순차해석을 하므로 의미상의 주어가 필요가 없다.

5형식 영어문장을 한글 문법에 맞춰 해석을 할 경우 앞에서 설명한 바와 같이 주어가 2개, 동사가 2개가 되어 어떤 주어가 어떤 동사를 받게 되는지 잘 모르게 된다. 목적어도 마찬가지이다. 그래서 목적보어인 동사의 행동의 주체가 되는 것을 의미상의 주어라고 불렀다. 예문을 보자.

"I asked him to go."

여기서 의미상의 주어가 무엇인가. 바로 him이다. 그 이유는 to go를 하는 주어를 찾는 것이다. 주어가 2개가 있으니 하나는 주어, 하나는 의미상의 주어라고 이름을 지었다.

그러나 술술해석법에서는 의미상 주어는 의미가 없다. 왜냐하면 주어와 동사를 먼저 해석하고 목적어와 목적보어(사실상 목적보어라기 보다는 목적동사라고 하는 것이 더 적절한 표현이 아닌가 생각한다.)를 하나의 문장으로 해석하면 굳이 의미상의 주어라는 말이 필요가 없다.

얼마나 간단한 해석인가. 영어가 쉬운 언어라는 표현에 맞도록 한글해석도 쉽게 되었다.
여러분들 중에는 왜 영어가 국제회의 공용어인가에 대한 의문을 가진 사람이 많았을 것이다. 영어가 여러분들에게는 정말 어려운 언어이기 때문이다.
그러나 영어의 구조를 잘 살펴보면 주어와 동사를 같이 붙여 놓아 주어가 어떻게 행동해야하는지를 잘 알 수 있도록 만들었다.

> ✅ 5형식은 주어와 동사, 목적어와 목적보어(목적동사)를 붙여 놓아 행위의 주체가 각각 어떤 행동을 하는지에 대해 분명한 구분을 하고 있다.

나중에 추가적으로 설명하겠지만, 관계사, 부정사 등도 이와 같은 맥락에서 해석하게 되면 아주 명쾌하게 영어가 사용되고 있다는 것을 잘 알게 될 것이다.

술술해석법을 도표로 나타내 보자.

🔊 술술해석법

문장	I asked him to leave.
진행순서	① → ② → ③ → ④
술술해석	내가 요청한 것은 그가 떠나는 것이다.
기존 해석	나는 그에게 떠나기를 요청했다.

영어문장의 진행순서와 한글해석의 진행순서가 일치가 되었다.

5형식 동사에서 일반동사(지각동사 포함)는 위의 방식으로 주어+동사를 '~하는 것은'으로 해석하면 되지만 사역동사는 조금 다르게 해석해야 한다. 일단 예문을 보고 설명하자.

"I made him study."

이 문장은 사역동사를 쓴 5형식이다. 5형식에서는 두 명의 등장인물과 두 개의 동사가 나타난다. 여기서는 두 명의 등장인물은 I와 him이고, 두 개의 동사는 made와 study이다.

영어문장의 진행순서와 한글해석이 같이 진행되도록 술술해석법을 적용해 보자.

"I made" → "내가 시킨 것은"

"I made him" → "내가 시킨 것은 그가"

"I made him study." → "내가 시킨 것은 그가 공부하는 것이다."

한글 표현법이 다소 어색하다. 그래서 사역동사의 경우는 주어가 목적어에 영향력을 행사해서 어떤 행위를 하게 함으로 해석방법을 약간 변형해야 한다. 주어의 의지가 목적어에 미치므로 다음과 같이 하면 된다.

> 사역동사의 술술해석은 "주어 + 사역동사 → ~하게 해서"로 해석을 하면 된다.

위의 사역동사 예문을 다시 해석해 보자.

> "I made" → "내가 시켜서"
> "<u>I made</u> him study" → "<u>**내가 시켜서**</u> 그가 공부했다."

사역동사의 목적어에 대한 강제 행위가 잘 나타나게 해석이 되었다.

5형식 기본 연습문제로 숙달해 보자.

5형식 기본 연습문제   정답 · 211p

1. She wished him to come back soon.

단계	영어문장	술술해석
1	She	
2	She wished	
3	She wished him	
4	She wished him to come back soon.	

2. He advised her not to go.

단계	영어문장	술술해석
1	He	
2	He advised	
3	He advised her	
4	He advised her not to go.	

3. My son heard his sister sing.

단계	영어문장	술술해석
1	My son	
2	My son heard	
3	My son heard his sister	
4	My son heard his sister sing.	

4. Mom made him clean the house.

단계	영어문장	술술해석
1	Mom	
2	Mom made	
3	Mom made him	
4	Mom made him clean	
5	Mom made him clean the house.	

5. My wife got our son to eat vegetables.

단계	영어문장	술술해석
1	My wife	
2	My wife got	
3	My wife got our son	
4	My wife got our son to eat	
5	My wife got our son to eat vegetables.	

6. He helped her finish the course.

단계	영어문장	술술해석
1	He	
2	He helped	
3	He helped her	
4	He helped her finish	
5	He helped her finish the course.	

7. She wanted him killed.

단계	영어문장	술술해석
1	She	
2	She wanted	
3	She wanted him	
4	She wanted him killed.	

8. They found him guilty.

단계	영어문장	술술해석
1	They	
2	They found	
3	They found him	
4	They found him guilty.	

9. The husband expected his wife to come early.

단계	영어문장	술술해석
1	The husband	
2	The husband expected	
3	The husband expected his wife	
4	The husband expected his wife to come early.	

10. His wife doesn't allow her parents-in-law to visit.

단계	영어문장	술술해석
1	His wife	
2	His wife doesn't allow	
3	His wife doesn't allow her parents-in-law	
4	His wife doesn't allow her parents-in-law to visit.	

11. Father forced his son to read a book.

단계	영어문장	술술해석
1	Father	
2	Father forced	
3	Father forced his son	
4	Father forced his son to read	
5	Father forced his son to read a book.	

12. I found out my wallet stolen.

단계	영어문장	술술해석
1	I	
2	I found out	
3	I found out my wallet	
4	I found out my wallet stolen.	

제4장
영어문법에 따른 술술해석법

지금까지 영어문장을 구성하는 기본형식별로 영어문장의 순서대로 한글해석을 하는 방법을 소개했다. "영어, 한글처럼 해석하기"를 학부모센터에서 강의할 때 기본형식이 끝나면 많은 분들이 질문을 한다.

"선생님, 영어문장이 너무 짧아서 이런 기법이 가능한 거 아닌가요?"

라는 질문이다.

이 질문을 거꾸로 생각해 보면 영어문장은 꼭 길어야 한다는 뜻일 수도 있을 것이다. 학부모님들이 학창 시절에 항상 익숙하게 배웠던 영어는 여러 가지 문법들이 가미된 영어문장이었을 것이다. 그래서 학부모님들은 영어문장에는 관계사, 부정사, 분사 등의 문법들이 추가되어야 한다는 뜻이다.

그러나 생각해 보라. 영어는 기본 문장형식만으로도 충분히 영어로서의 역할을 한다. 영어는 기본적으로 주어, 동사만 있으면 자신의 의사를 전달할 수 있다.

필자가 영어소설을 읽을 때 보면 영어소설 속에 복잡한 문법을 쓰는 경우는 흔하지 않다. 왜 그럴까? 만약 여러분들은 한글로 된 소설이 읽기가 어렵고 까다롭다면 그 소설을 읽겠는가? 그렇지 않다. 쉽고 재미있는 소설이어야만 일반 독자들에게 인기가 있다. 마찬가지로 영어소설을 쓰는 작가는 영어소설을 읽는 사람이 쉽게 읽을 수 있도록 문장을 어렵게 쓰지 않는다. 영어문장을 어렵게 쓴다면 누가 그 소설을 읽을 것인가?

그러면 왜 우리 일반인들에게 영어는 그렇게 어렵게 인식되고 있는가? 이유는 각종 시험 때문이다. 우리는 영어 학습의 목적이 학교 시험이나 각종 자격시험에서 고득점을 하기 위해서이다. 시험이란 것은 본래 학습자의 우위를 가리는 것이 목적이기 때문에 변별력을 가져야 하고 변별력을 위해서는 일부 읽기문제나 문법 문제를 어렵게 출제해야 한다. 이 어려운 문제들로 인해서 우리는 늘 영어는 어려운 존재라고 생각한다.

그래서 필자는 영어에 관한 이야기만 하면 가슴이 아프다. 우리가 영어를 대할 때 영어의 즐거움을 느끼기도 전에 많은 사람들이 영어문법 등에 휘둘려 영어의 스토리 전개보다는 영어문장을 영어문법식으로 접근하게 되며 결국은 영어에 대한 흥미를 잃게 되는 것이다.

여러분들에게 이런 기억들이 있을 것이다. 학창시절에 영어소설을 읽어 보려고 책을 샀다가 몇 페이지를 넘기지도 못하고 포기했던 기억이나, 아니면 문법책을 공부하려고 구입했다가 초반에 포기한 기억들이 있을 것이다. 그래서 여러분들의 영어책은 몇 번의 시도를 한 덕분에 앞부분 몇 페이지만 까맣게 변하게 되는 것이다.

이런 면에서 술술해석법은 획기적이라고 할 수 있다. 이 방법을 수강한 학부모들이 Charlie and the Chocolate Factory를 술술 읽어나갈 수 있었으니 그 분들이 얼마나 기뻤겠는가. 영어문장을 문법적으로 접근한 것이 아니고 스토리에 맞춰서 읽어 나가니 진도도 술술, 즐거움도 배가 되었을 것이다.

이번 장에서는 복잡한 문법들이 포함된 영어문장을 영어문장이 진행되는 방향으로 어떻게 쉽게 한글로 해석할 것인가에 대해 다루고자 한다. 시작하기 전에 결론을 말하자면 정말 쉽게 접근할 수 있다는 것이다. 하나도 어렵지 않다. 먼저 관계사부터 시작해 보자.

> 관계사 해석은 관계사가 <u>연결사의 역할</u>을 하고 있으므로 앞쪽 문장에 붙여 해석한다.

관계사의 역할은 기본적으로 두 개의 문장을 한 문장으로 연결하는 역할을 한다. 두 문장의 공통이 되는 부분을 관계사로 연결하게 된다. 간단한 예를 들어보자.

"I went to **the school**." + "**The school** was located in Busan."

이제 관계사로 연결해 보자. 영어 예문의 두 문장을 한 문장으로 연결하기 위해서는 두 문장의 공통요소를 찾아야 한다. 예문에서 공통요소는 'the school'이다. 공통요소를 관계사로 처리하면 다음과 같이 된다.

"I went to the school **which** was located in Busan."

여기서 관계사 which의 역할은 접속사와 대명사의 역할을 한다. 이 문장을 다시 접속사+대명사로 바꿔서 표현해 보면 다음과 같다.

"I went to the school **and it** was located in Busan."

두 문장을 한 문장으로 연결해 표현하는 관계사를 요약하면 다음과 같다.

> "I went to **the school**." + "**The school** was located in Busan."
> ⇩
> "I went to the school **which** was located in Busan."
> ⇩
> "I went to the school **and it** was located in Busan."

결국 관계사의 역할은 두 문장을 연결하는 단순한 역할을 하고 있다는 점을 기억하고 구체적으로 들어가 보자.

가 관계대명사 주격

관계대명사의 주격용법은 관계대명사가 주어의 역할을 한다는 의미이다. 지금까지 영어문장의 기본 5형식에서 보듯이 주어 다음에는 동사가 따라오므로 관계대명사 뒤에 동사가 올 경우는 관계대명사 주격으로 보면 된다.

앞의 관계사 예문을 다시 한 번 보자.

"I went to the school **which was** located in Busan."

위의 예문에서 관계대명사(which) 다음에 동사(was)가 오기 때문에 관계대명사 주격이 된다. 문장의 길이도 두 문장을 관계대명사로 연결했으므로 한 문장만 있을 때보다 상당히 길어진 것을 볼 수 있다.

이 문장을 기존의 해석방식으로 해석 해 보자.

🔊 기존 해석 방식

> I went to the school which was located in Busan.
> ↑ → → → → → → ↓
> ① ⑤ ← ④ ← ← ③ ← ②
> 나는 부산에 위치하고 있는 학교에 갔다.

길어진 관계대명사 문장의 기존 해석은 주어를 해석한 후 문장 맨 뒤로 이동하는 거리가 상당히 멀어진다는 것을 볼 수 있다. 기존 해석은 확연하게 영어문장이 진행하는 방향과 반대방향으로 해석되는 것을 볼 수 있다.

관계대명사로 연결된 문장과 같이 두 개의 주어+동사가 있는 문장을 해석할 경우 절대로 하지 말아야 하는 것이 있다.

> ✓ 문장 처음에 나오는 동사를 뛰어 넘어 두 번째 나오는 동사를 먼저 해석해서는 안 된다.

동사가 나오는 순서를 지켜서 해석을 해야 한다는 의미이다.

위의 기존 해석방식에서는 이러한 원칙이 지켜지지 않고 있다는 것을 알 수 있다. 위의 예문에서는 동사가 두 개 나온다. 첫 번째 나오는 동사가 went이고 두 번째 나오는 동사는 located이다.

그러나 기존 해석을 할 경우에 동사의 해석순서는 주어를 해석한 다음 첫 번째 나오는 동사 went를 뛰어 넘어 두 번째 나오는 동사 was located를 먼저 해석하는 것을 볼 수 있다. 동사 순서의 무시는 영어문장을 거꾸로 해석한다는 것을 의미한다. 문장에 동사가 2개 나올 경우 반드시 동사의 순서대로 해석을 해야 한다.

우리가 지금까지 무의식으로 해 왔던 영어해석법이 시각적으로 어떻게 잘못되었는지를 다음 도표로 한 번 보자.

🔊 기존 한글해석과 영어문장 진행방향

영어문장	기존 한글해석
I	나는
I in Busan.	나는 부산에
I was located in Busan.	나는 부산에 위치한
I the school which was located in Busan.	나는 부산에 위치한 학교에
I went to the school which was located in Busan.	나는 부산에 위치한 학교에 갔다.

위의 도표에서는 한글해석은 순차적으로 이루어지고 있지만 해석되는 영어문장은 역으로 진행되고 있다는 것을 생생하게 보여준다.

그럼 이 문장을 영어문장 순서와 한글해석 순서가 같이 진행될 수 있도록 술술해석법을 적용해 보자.

"I went" → "내가 간 곳은"
"I went to the school" → "내가 간 곳은 학교이고"
"I went to the school which is located" → "내가 간 곳은 학교이고 그 학교가 위치한 곳은"
"I went to the school which is located in Busan." → "내가 간 곳은 학교이고 그 학교가 위치한 곳은 부산이다."

위의 관계대명사 문장에서 지금까지 우리가 적용했던 술술해석법을 적용한 곳은 주어+동사가 있는 두 부분으로 다음과 같다.

"I went" → "내가 간 곳은"
"which is located" → "학교가 위치한 곳은"

술술해석을 적용한 해석의 흐름을 도표로 표시해 보자.

🔊 술술해석법

I went to the school which was located in Busan.
① → ② → ③ → ④ → → ⑤
내가 간 곳은 학교이고 학교가 위치한 곳은 부산이다.

술술해석을 적용하면 영어문장의 진행방향과 한글의 진행방향이 같은 방향으로 진행되는 것을 볼 수 있다. 영어와 한글이 같은 방향으로 진행되는 것을 보여주는 다른 도표를 보자.

🔊 술술 한글해석과 영어문장 진행방향

영어문장	술술 한글해석
I went	내가 간 곳은
I went to the school	내가 간 곳은 학교이고
I went to the school which was located	내가 간 곳은 학교이고 그 학교가 위치한 곳은
I went to the school which was located in Busan.	내가 간 곳은 학교이고 그 학교가 위치한 곳은 부산이다.

위의 도표를 보면 한글해석에 따른 영어문장의 배치가 순차적으로 이루어진다는 것을 볼 수 있다.

관계사에서 재미있는 현상을 하나 설명해 보자. 관계사로 연결되기 전후를 잘 살펴보면 우리가 기존에 무의식으로 하고 있던 해석방식이 잘못되어 있다는 점을 알 수 있다.

앞에서 관계사를 소개할 때 관계사는 두 문장을 합치는 것이라고 말했다. 예문을 다시 보자.

"I went to <u>the school</u>." + "<u>The school</u> was located in Busan."

이 문장을 해석하면 다음과 같다.

"내가 간 곳은 <u>학교</u>다." + "<u>그 학교</u>가 위치한 곳은 부산이다."

한글로 해석된 두 문장을 한 문장으로 연결하면 다음과 같다.

연결 전 해석: "내가 간 곳은 학교이고 그 학교가 위치한 곳은 부산이다."

그러면 이 두 문장을 관계사로 연결해 보자.

"I went to the school **which** was located in Busan."

연결된 문장을 기존방식으로 해석을 하면 다음과 같다.

기존 해석: "나는 부산에 위치한 학교로 갔다."

연결된 문장을 술술해석법으로 해석을 하면 다음과 같다.

술술해석: "내가 간 곳은 학교이고 그 학교가 위치한 곳은 부산이다."

이제 해석된 세 한글 문장을 비교해 보자.

구분	해석내용
연결 전	내가 간 곳은 학교이며 그 학교가 위치한 곳은 부산이다.
기존	나는 부산에 위치한 학교로 갔다.
술술	내가 간 곳은 학교이고 그 학교가 위치한 곳은 부산이다.

비교표에서 알 수 있듯이 연결 전 해석결과와 술술해석결과가 같다는 것을 알 수 있다. 이것이 의미하는 것이 무엇일까? 왜 관계사가 연결되면 연결 전과 연결 후의 해석이 달라질까?

이유는 바로 관계사의 역할을 무시한 해석결과이다. 앞에서 설명한 바와 같이 관계사는 두 문장을 연결하는 역할을 한다고 했다. 이 말은 연결만 한다는 뜻이지 관계사 뒤의 문장이 관계사로 인해 앞 문장을 수식한다는 말은 아니다.

즉, 관계사로 연결되기 전이나 후는 그 해석의 진행도 똑같아야 한다는 의미이다.

그러면 관계사가 연결된 후의 한글해석이 달라지는 이유는 무엇인가? 그 이유는 우리말 문법에 맞춰서 관계사를 해석했기 때문이다.

관계사는 단순히 연결의 역할만을 해야 하는데 우리는 수식의 역할을 한다고 생각한다.

이해를 위해 좀 더 구체적으로 설명해 보자.

우리말에는 영어와는 달리 수식하는 문장은 항상 수식되는 명사 앞에 위치한다. 간단한 예를 들어보자.

한글로

"아름다운 꽃"

이란 말을 생각해 보자. '꽃'을 수식하는 말은 '아름다운' 이며 한글에서 수식하는 말 '아름다운'은 반드시 명사 앞에 위치하여야 한다. 그렇지만 영어는 다르다. 영어는 양쪽방향에서 수식이 가능하다. 위의 말을 영어로 표기해 보자.

먼저 첫 번째 방법으로 앞에서 수식하는 것을 보자.

"a beautiful flower"

다음으로 두 번째 방법으로 뒤에서 수식하는 것을 보자.

"a flower which is beautiful"

따라서 관계사가 문장 속에 있을 경우 우리는 관계사를 연결의 의미보다는 수식의 의미로 생각하기 때문에 수식하는 말, 즉 관계사 오른쪽에 위치한 말부터 먼저 해석을 하고 수식이 되는 말을 해석하게 되는 것이다.

관계대명사가 단순한 연결의 역할만을 수행한다고 생각하면 두 문장이 연결되기 전과 후는 한글해석의 진행순서가 다를 이유가 하나도 없다.

예문을 하나 더 해석을 해 보자. 제1장에서 사용한 예문이다.

"I love my father who teaches English."

이 문장은 두 문장이 합쳐진 문장이다.

"I love **my father**." + "**My father** teaches English."

두 문장을 먼저 해석을 해 보자.

"내가 사랑하는 것은 **나의 아버지**이다." + "**아버지가** 가르치는 것은 영어다."

이 해석을 한글로 합쳐보면 다음과 같이 된다.

"내가 사랑하는 것은 나의 아버지이고 아버지가 가르치는 것은 영어다."

그러면 영어의 두 문장을 관계대명사로 합쳐 보자.

"I love my father **who** teaches English."

이 문장을 기존의 해석방식으로 해석해 보자.

"나는 영어를 가르치는 나의 아버지를 사랑한다."

다음으로 술술해석법을 적용해 보자. 영어문장의 주어+동사를 한글해석의 서술형 주어로 만들면 된다.

"I love" → "내가 사랑하는 것은"

"I love my father" → "내가 사랑하는 것은 나의 아버지이고"

"I love my father who teaches" → "내가 사랑하는 것은 나의 아버지이고 **아버지가 가르치는 것은**"

"**I love** my father **who teaches** English." → "내가 사랑하는 것은 나의 아버지이고 **아버지가 가르치는 것은 영어**다."

제4장 | 영어문법에 따른 술술해석법 115

이제 해석된 세 한글 문장을 비교해 보자.

구분	해석내용
연결 전	내가 사랑하는 것은 나의 아버지이고 아버지가 가르치는 것은 영어다.
기존	나는 영어를 가르치는 아버지를 사랑한다.
술술	내가 사랑하는 것은 나의 아버지이고 아버지가 가르치는 것은 영어다.

두 문장이 연결되기 전의 해석과 술술해석이 일치함을 볼 수 있다. 관계사가 단순히 두 문장을 연결하는 역할을 수행하고 있다고 볼 때 당연한 결과라고 본다.

나 관계대명사 목적격

관계대명사의 목적격은 관계대명사가 목적어의 역할을 한다. 예문을 보자.

"I went to the school (**which**) my grandfather had built."

이 문장은 다음의 두 문장을 합쳐 놓은 것이다.

"I went to **the school**." + "My grandfather had built **it**."

분리된 문장을 해석해 보자.

"내가 간 곳은 **학교**이다." + "나의 할아버지가 건축했던 것은 **그 학교**이다."

이제 합쳐진 영어문장을 기존 해석방식으로 해석해 보자.

"I went to the school (**which**) my grandfather had built."

"나는 나의 할아버지가 건축을 했던 학교로 갔다."

영어문장의 진행순서와는 반대방향으로 해석되고 있다는 것을 볼 수 있다.

술술해석법으로 해석해 보자.

> "I went" → "내가 간 곳은"
>
> "I went to the school" → "내가 간 곳은 학교로서"
>
> "I went to the school which" → "내가 간 곳은 학교로서 그 학교를(가)"
>
> "**I went** to the school **which** my grandfather had built." → "**내가 간 곳은** 학교로서 **그 학교를** 나의 할아버지가 건축을 했었다."

관계대명사가 연결의 역할을 충실히 하고 있다는 것을 보여준다.

다 관계부사

관계부사 where를 보자. where은 관계사의 한 종류로서 접속사+부사의 역할을 한다. 따라서 where 앞에는 항상 장소를 나타내는 말이 나온다. 예문을 보면서 설명하자.

"We will visit Busan **where** we can enjoy beautiful beaches."

위의 영어 예문은 두 영어문장을 where로 연결한 문장이다. 연결되기 전의 문장으로 나누어 보자.

"We will visit Busan." + where + "We can enjoy beautiful beaches."

위의 순서대로 각 문장들을 해석 해 보자.

"우리가 방문할 곳은 부산이다." + 그곳에서 + "우리가 즐길 것은 아름다운 해변이다."

두 문장의 한글해석을 한 문장으로 연결하면 다음과 같다.

"우리가 방문할 곳은 부산이며 그곳에서 우리가 즐길 것은 아름다운 해변이다."

이제 관계사로 연결된 문장을 기존의 방식으로 해석해 보자.

"We will visit Busan where we can enjoy beautiful beaches."

"우리는 아름다운 해변을 즐길 수 있는 부산을 방문할 것이다."

별도로 도표로 보여주지 않아도 영어문장이 뒤에서부터 앞으로 해석되고 있다는 것을 알 수 있다.

이제 관계사가 연결사의 역할을 충실히 하는 술술해석법을 적용해서 해석해 보자.

"We will visit Busan where we can enjoy beautiful beaches."
"We will visit" → "우리가 방문할 곳은"
"We will visit Busan" → "우리가 방문할 곳은 부산으로"
"We will visit Busan **where**" → "우리가 방문할 곳은 부산으로 **그곳에서**"
"We will visit Busan where **we can enjoy**" → "우리가 방문할 곳은 부산으로 그곳에서 우리가 즐길 것은"
"We will visit Busan **where** we can enjoy beautiful beaches." → "우리가 방문할 곳은 부산으로 **그곳에서** 우리가 즐길 것은 아름다운 해변이다."

관계사로 연결되기 전의 해석과 관계사가 연결된 후 술술해석법으로 해석된 문장의 해석이 동일하다는 것을 알 수 있다.

관계사 연습문제를 풀어보자.

관계사 연습문제 정답 · 215p

1. My son goes to the library which is located near my house.

단계	영어문장	술술해석
1	My son	
2	My son goes to	
3	My son goes to the library	
4	My son goes to the library which is located	
5	My son goes to the library which is located near my house.	

2. A young couple walk to the lake where many people visit.

단계	영어문장	술술해석
1	A young couple	
2	A young couple walk to	
3	A young couple walk to the lake	
4	A young couple walk to the lake where	
5	A young couple walk to the lake where many people visit.	

3. The maid cleaned the house in which we had moved two days ago.

단계	영어문장	술술해석
1	The maid	
2	The maid cleaned	
3	The maid cleaned the house	
4	The maid cleaned the house in which	
5	The maid cleaned the house in which we had moved	
6	The maid cleaned the house in which we had moved two days ago.	

4. My daughter asks me a lot of questions which I don't understand.

단계	영어문장	술술해석
1	My daughter	
2	My daughter asks	
3	My daughter asks me	
4	My daughter asks me a lot of questions	
5	My daughter asks me a lot of questions which	
6	My daughter asks me a lot of questions which I don't understand.	

5. My husband will build me a beautiful house where we will live together.

단계	영어문장	술술해석
1	My husband	
2	My husband will build	
3	My husband will build me	
4	My husband will build me a beautiful house	
5	My husband will build me a beautiful house where	
6	My husband will build me a beautiful house where we will live together.	

6. The sales woman showed me a new bag which she loved to buy.

단계	영어문장	술술해석
1	The sales woman	
2	The sales woman showed	
3	The sales woman showed her	
4	The sales woman showed her a new bag	
5	The sales woman showed her a new bag which	
6	The sales woman showed her a new bag which she loved to buy.	

7. A son promised his mom a better grade, which proved to be false.

단계	영어문장	술술해석
1	A son	
2	A son promised	
3	A son promised his mom	
4	A son promised his mom a better grade	
5	A son promised his mom a better grade which was proved	
6	A son promised his mom a better grade which proved to be false.	

8. Mom made him clean the house which was messed up with his playing.

단계	영어문장	술술해석
1	Mom	
2	Mom made	
3	Mom made him	
4	Mom made him clean	
5	Mom made him clean the house	
6	Mom made him clean the house which was messed up	
7	Mom made him clean the house which was messed up with his playing.	

9. My wife got our son to eat vegetables which most children hate.

단계	영어문장	술술해석
1	My wife	
2	My wife got	
3	My wife got our son	
4	My wife got our son to eat	
5	My wife got our son to eat vegetables	
6	My wife got our son to eat vegetables which	
7	My wife got our son to eat vegetables which most children hate.	

10. You have to use familiar words which deliver a clear message.

단계	영어문장	술술해석
1	You	
2	You have to use	
3	You have to use familiar words	
4	You have to use familiar words which deliver	
5	You have to use familiar words which deliver a clear message.	

2 수동태

수동태 문장에서 by가 나오면 <u>주어를 목적어처럼</u> 해석한다.

우리가 영어문장을 읽을 때 많이 등장하지만 영어문장의 진행순서와 우리말의 순서가 맞지 않아 애를 먹는 문장이 바로 수동태이다. 수동태는 우리말에는 발달하지 않은 문형이지만 영어에서는 아주 흔히 쓰는 표현이다. 우리말에서 잘 사용되지 않기 때문에 해석하는 방법도 쉽지 않다.

예를 들어보자.

"The dog was hit."

한글해석을 해 보자.

"그 개가 치였다."

영어문장과 한글해석의 차이가 없어 보인다. 계속해서 영어문장에 수동의 의미를 연결해 보자.

"The dog was hit **by** a car."

영어 수동태 문장의 뒤에 by가 따라 오게 되면 한글해석에 애를 먹는다. 이 문장을 한글로 해석해 보자.

"그 개는 차에 치였다."

한글해석이 영어문장의 진행방향과 같은 방향으로 진행되었는지 도표로 살펴보자.

영어문장의 진행순서와 한글해석의 진행순서가 일치하지 않는 것을 볼 수 있다. 그럼 이 문장을 영어문장의 진행순서와 같은 방향으로 한글해석을 해 보자.

"The dog" → "그 개는"

주어만 있으므로 영어와 한글의 진행방향은 같다.

"The dog was hit." → "그 개는 치였다."

다음에 by가 붙으면 다음과 같이 해석을 해야 한다.

"**The dog** was hit **by**" → "**그 개를** 친 것은"

by가 붙기 전에는 주어는 '그 개는'으로 되었지만 by가 붙으면 '그 개를'이라고 주어가 목적 형태로 바뀌게 된다. 즉, 수동태 문장에서 by가 붙으면 주어를 목적 형태로 바꿔서 해석을 해야 한다.

마지막 문장을 보자.

"**The dog** was hit **by** a car." → "그 **개를** 친 것은 차다."

> The dog was hit by a car.
>   ① → ② → ③
> 그 개를 친 것은 차다.

영어문장의 진행방향과 한글해석이 같은 방향으로 흐르고 있다. 그리고 한글해석도 무리가 없어 보인다.

다음으로 수동태가 조금 더 복잡해지는 경우를 보자. 예문을 보자.

"The dog was hit **by** a car which was driven **by** a teenager."

이 문장에는 두 개의 수동태 문장이 들어있다. 이 문장을 기존의 해석방식으로 해석을 하면 다음과 같다.

"그 개는 십대가 운전한 차에 의해서 치였다."

라고 표현이 될 것이다. 한글해석은 주어를 해석한 다음에 영어문장의 맨 뒤로 가서 오른쪽에서 왼쪽으로 해석을 하고 있다.

문장의 흐름대로 도표로 보자.

> The dog was hit by a car which was driven by a teenager.
>   ↑   →   →   →   →   →   →   →   ↓
>   ①   ⑤ ← ④ ← ← ③ ← ←   ②
> 그 개는 십대가 운전하는 차에 치였다.

영어문장의 진행방향과 한글해석의 진행방향이 완전히 반대임을 볼 수 있다. 또한 앞의 관계사에서 설명한 바와 같이 두 개의 주어와 두 개의 동사가 있는데 첫 번째 동사(was hit)를 무시하고 두 번째 동사(was driven)부터 해석을 했다. 즉, 동사의 순서를 무시하고 거꾸로 해석한 것을 알 수 있다.

이 문장을 영어문장이 쓰인 진행방향과 같은 방향으로 해석을 해 보자. 단계별로 보자.

"The dog was hit" → "그 개는 치였다."

"The dog was hit **by** a car" → "**그 개를** 친 것은 차였고,"

"**The dog** was hit **by** a car which was driven" → "**그 개를** 친 것은 차였고, 그 차를 운전한 것은"

"**The dog** was hit by a car **which** was driven **by** a teenager." → "**그 개를** 친 것은 차였고, **그 차를** 운전한 것은 십대였다."

이 해석을 흐름 도표로 보자.

The dog　was hit　by a car　which was driven　by a teenager.
　①　→　②　→　③　→　④　→　　⑤
그 개를 친 것은 차였고, 차를 운전한 것은 십대였다.

영어문장의 진행방향과 한글해석의 진행방향이 일치되는 것을 볼 수 있다.

수동태 연습 문장을 보자.

ㄴ 수동태 연습문제 정답 · 219p

1. He was punished by his teacher.

단계	영어문장	술술해석
1	He	
2	He was punished	
3	He was punished by his teacher.	

2. The problem was caused by the mistake.

단계	영어문장	술술해석
1	The problem	
2	The problem was caused	
3	The problem was caused by the mistake.	

3. The president was killed by his aid.

단계	영어문장	술술해석
1	The president	
2	The president was killed	
3	The president was killed by his aid.	

4. The area was damaged by the typhoon.

단계	영어문장	술술해석
1	The area	
2	The area was damaged	
3	The area was damaged by the typhoon.	

5. The boy was swept away by the flood.

단계	영어문장	술술해석
1	The boy	
2	The boy was swept away	
3	The boy was swept away by the flood.	

6. People can be bitten by small insects.

단계	영어문장	술술해석
1	People	
2	People can be bitten	
3	People can be bitten by small insects	

7. The flowers were sent by her husband.

단계	영어문장	술술해석
1	The flowers	
2	The flowers were sent	
3	The flowers were sent by her husband.	

8. The prize was presented by the CEO.

단계	영어문장	술술해석
1	The prize	
2	The prize was presented	
3	The prize was presented by the CEO.	

9. The thief was caught by the police.

단계	영어문장	술술해석
1	The thief	
2	The thief was caught	
3	The thief was caught by the police.	

10. The car is going to be fixed by a mechanic.

단계	영어문장	술술해석
1	The car	
2	The car is going to be fixed	
3	The car is going to be fixed by a mechanic.	

11. The event was held by the city government.

단계	영어문장	술술해석
1	The event	
2	The event was held	
3	The event was held by the city government.	

12. The window was broken by the boys who played soccer.

단계	영어문장	술술해석
1	The window	
	The window was broken	
2	The window was broken by the boys	
3	The window was broken by the boys who played	
4	The window was broken by the boys who played soccer.	

> 부정사 문장에는 동사가 두 개 있으므로 동사 순서에 따라 순차적으로 해석한다.

부정사는 동사 앞에 to를 붙여서 앞의 단어와 연결하는 방식으로 부정사는 기본적으로 동사와 함께 쓰인다. 동사가 두 개 등장하기 때문에 두 동사는 동사 앞에 있는 주체의 영향을 받는다. 부정사로 표시된 문장은 두 문장으로 표시할 수도 있다. 예문을 보자.

"I went to see a movie."

이 문장은 두 개의 문장으로 구분할 수 있다.

"I went. + I saw a movie."

여기서 see를 saw로 변경한 것은 먼저 나오는 동사 went의 시제를 맞추기 위해서이다.

이 두 문장을 한글로 해석을 해 보면 다음과 같다.

"나는 갔다. + 내가 본 것은 영화다."

이 두 문장을 합쳐보면

"내가 가서 내가 본 것은 영화다."

로 표현할 수 있다. 어떤 면에서 보면 부정사는 두 동사를 연결하는 역할을 하고 있다고 볼 수 있다. 또한 부정사는 주체의 활동을 순차적으로 표현한 것으로도 생각할 수 있다.

이 예문에서도 주어와 영화와의 관계를 생각해 보면 주어가 가는 것이 먼저이고 그리고 난 후 영화를 본다고 생각을 하면 영어의 특징인 행동의 순차적 표현이라고도 할 수 있다.

다음으로 예문을 기존의 방식으로 해석해 보자.

"I went to see a movie."

"나는 영화를 보기 위해 갔다."

기존의 해석방식 흐름을 도표로 보자.

▶ 기존 해석 방식

```
 I    went   to   see   a movie.
 ↑     →     →    →       ↓
 ①     ④    ←   ③   ←   ②
 나는 영화를 보기 위해 갔다.
```

두 문장을 연결하기 전과 기존의 해석방식의 해석순서가 다르다.

- 연결 전: 내가 가서 내가 본 것은 영화다.
- 연결 후: 나는 영화를 보기 위해 갔다.

부정사로 연결하기 전의 해석과 연결하기 후의 해석이 다른 이유를 눈여겨보아야 한다. 기본적으로 부정사로 두 문장을 연결한 이유는 두 문장을 따로 표현하는 것보다 한 문장으로 표현하는 것이 더 간결한 표현이 될 수 있기 때문이다. 즉, 부정사가 연결사의 역할을 수행하고 있다고 볼 수 있다.

그러나 앞에서 설명한 바와 같이 관계사가 연결사의 역할을 함에도 불구하고 우리는 수식의 역할로 해석을 하는 것과 같이 부정사도 연결사의 의미보다는 수식의 의미로 접근하고 있다. 따라서 부정사의 문장도 뒤에서 해석을 하게 되는 것이다.

그러면 부정사로 연결한 후의 문장을 술술해석법으로 해석해 보자. 그리고 술술해석이 부정사로 연결하기 전의 문장의 해석 순서와 어떤 관계가 있는지를 보자.

> "I went" → "내가 간 것은"
> "I went to see" → "내가 가서 본 것은"
> "I went to see a movie." → "내가 가서 본 것은 영화이다."

술술해석법을 도표로 보자.

문장	I went to see a movie.
진행순서	① → ② → ③ → ④
술술해석	내가 가서 본 것은 영화이다.
기존 해석	나는 영화를 보기 위해 갔다.

두 문장을 부정사로 합치기 전과 연결후의 술술 해석을 비교해 보면 해석순서가 같은 것을 볼 수 있다.

> – 연결 전 해석: 내가 가서 내가 본 것은 영화이다.
> – 술술해석: 내가 가서 본 것은 영화이다.

차이점은 두 문장을 연결한 후의 해석은 주어를 한 번만 쓴다는 것이다. 두 문장을 부정사를 사용하여 한 문장으로 연결할 때 같은 주어를 반복하지 않기 위해 주어를 생략했다는 점을 생각하면 두 문장을 동일하다고 보아야 한다.

학부모 강의를 다니면 부정사 부분에 대해 학부모들이 질문을 많이 한다. 질문의 내용은 부정사 문장을 기존의 해석방식으로 표현했을 때와 술술해석으로 표현했을 때 영화를 본 시점의 차이가 있다는 것이다.

한글 표현은

"나는 영화를 보기 위해 갔다."

이고, 술술해석은

"내가 가서 본 것은 영화이다."

이다.

즉 기존의 해석에서는 영화를 아직 보지 않은 상태이고, 술술해석은 영화를 본 것으로 표현했다는 것이다. 한글해석으로만 보면 차이점이 있어 보인다.

그런데 이 문장의 뒤에 어떤 표현이 따라 오겠는가? 뒤에 나오는 이야기는 본 영화에 대한 이야기일 것이다. 'went'라는 과거형 동사 때문이다. 과거에 가서 보았다는 표현을 한 것이다.

만약, 이 문장을 현재형으로 쓰면 어떻게 해석할 수 있겠는가?

"I go to see a movie."

이 문장은 현재의 상황으로서 아직 영화를 보지 않은 상태이므로 다음과 같이 해석할 수 있다.

"내가 가서 **볼 것은** 영화다"

현재 상태에서 영화를 보지 않은 것을 표현했다.

다른 부정사 문장을 보자. 이번에는 동사가 명사 뒤에 나오는 경우를 보자.

"I **went** to the school **to study** Math."

이 문장에서도 동사가 두 개 나온다. 첫 번째는 went 이고 두 번째는 study라는 동사이다. 동사가 두 개 나온다는 의미는 두 개의 문장을 한 문장으로 연결했다는 의미다. 연결하기 전의 문장을 먼저 보자.

"I went to the school." + "I studied Math."

위의 문장을 해석해 보자.

"내가 간 곳은 학교다." + "내가 공부한 것은 수학이다."

각각의 문장 해석에 적용한 것은 술술해석법이다. 주어+동사를 서술형 주어로 바꿔서 적용했다.

두 한글해석 문장을 순차적으로 합치면 다음과 같다.

"내가 간 곳은 학교이며 내가 공부한 것은 수학이다."

그러면 동 문장을 부정사로 연결한 문장을 기존의 방식으로 해석해 보자.

"I went to the school to study Math."

"나는 수학을 공부하기 위해 학교로 갔다."

부정사로 연결하기 전과 후의 한글해석을 비교해 보자.

- 연결 전: 내가 간 곳은 학교로서 공부한 것은 수학이다.
- 연결 후: 나는 수학을 공부하기 위해 학교로 갔다.

연결 전의 두 문장의 한글해석을 연결한 문장은 두 문장을 순차적으로 연결했지만, 부정사로 연결한 후 문장은 수식의 형태로 해석을 했다.

술술해석으로 부정사로 연결한 문장을 해석해 보자.

> "I went" → "내가 간 곳은"
> "I went to the school" → "내가 간 곳은 학교이고"
> "I went to the school **to study**" → "내가 간 곳은 학교이고 **공부한 것은**"
> "**I went** to the school **to study** Math." → "**내가 간 곳은** 학교이고 **공부한 것은** 수학이다."

부정사로 연결하기 전의 문장과 술술해석을 비교해 보자.

> – 연결 전 해석: 내가 간 곳은 학교로서 내가 공부한 것은 수학이다.
> – 술술해석: 내가 간 곳은 학교로서 공부한 것은 수학이다.

해석의 차이는 연결 전 해석에 주어가 한 번 더 들어간 것뿐이다. 한 문장에 두 개의 동일한 주어가 들어가 있기 때문에 그 주어를 생략한다고 하면 연결 전후의 해석 차이는 없다고 할 수 있다.

즉, 두 문장을 부정사로 연결한 이유는 문장을 간결하게 만들기 위한 이유밖에는 없다. 따라서 두 문장을 부정사로 연결하기 전과 후의 해석에 차이가 있어야 할 이유는 없는 것이다.

이런 결론을 볼 때 부정사를 단순히 두 동사를 연결하는 연결사의 역할을 하는 것으로 해석해도 문제가 없어 보인다.

그리고 부정사 중에서 5형식의 목적어 뒤에 목적보어로 쓰이는 부정사는 5형식에서 설명을 했으므로 여기서는 설명을 생략하도록 한다.

부정사가 포함된 문장을 연습해 보자.

부정사 연습문제 정답 • 222p

1. A cat is in under the chair to run away from the dog.

단계	영어문장	술술해석
1	A cat	
2	A cat is under the chair	
3	A cat is under the chair to run away	
4	A cat is under the chair to run away from the dog.	

2. The old man opened the door to look at what's inside.

단계	영어문장	술술해석
1	The old man	
2	The old man opened	
3	The old man opened the door	
4	The old man opened the door to look at	
5	The old man opened the door to look at what's inside.	

3. He turned on the light to find the dog.

단계	영어문장	술술해석
1	He	
2	He turned on	
3	He turned on the light	
4	He turned on the light to find	
5	He turned on the light to find the dog.	

4. I moved the chair and the table to make room.

단계	영어문장	술술해석
1	I	
2	I moved	
3	I moved the chair and the table	
4	I moved the chair and the table to make room.	

5. She will write him a letter to express her mind.

단계	영어문장	술술해석
1	She	
2	She will write	
3	She will write him	
4	She will write him a letter	
5	She will write him a letter to express	
6	She will write him a letter to express her mind.	

6. You have to use your real voice to express what you want to do.

단계	영어문장	술술해석
1	You	
2	You have to use	
3	You have to use your real voice	
4	You have to use your real voice to express	
5	You have to use your real voice to express what you want to do.	

7. Free time gives you the power to regain your energy.

단계	영어문장	술술해석
1	Free time	
2	Free time gives	
3	Free time gives you	
4	Free time gives you the power	
5	Free time gives you the power to regain	
6	Free time gives you the power to regain your energy.	

8. Animals have developed useful weapons to protect themselves.

단계	영어문장	술술해석
1	Animals	
2	Animals have developed	
3	Animals have developed useful weapons	
4	Animals have developed useful weapons to protect	
5	Animals have developed useful weapons to protect themselves.	

9. There are many ways to deal with the problems.

단계	영어문장	술술해석
1	There	
2	There are many ways	
3	There are many ways to deal with	
4	There are many ways to deal with the problems.	

10. He helped the old lady cross the street.

단계	영어문장	술술해석
1	He	
2	He helped	
3	He helped the old lady	
4	He helped the old lady cross	
5	He helped the old lady cross the street.	

4 분사

☑ 분사가 있는 문장의 해석은 <u>분사를 연결사로</u> 해석해야 한다.

가 현재분사

현재분사는 한 문장에 동사가 두 개 나올 때 그 중 한 동사가 능동의 의미를 가지고 ~ing로 표시되는 것을 말한다. 해석의 방법은 현재분사를 '~하고 있는 것은' 형태로 진행의 상태를 나타내도록 한글해석을 하면 된다.

예문을 보자.

"I **went** to the school **standing** on the hill."

예문에서 동사가 두 개 등장한다. 첫 번째는 went이고 두 번째는 standing이다. 두 개의 동사가 등장하는 것은 두 개의 문장을 한 문장으로 연결했다는 것이다.

위의 예문이 어떤 두 문장인지 살펴보자.

"I went to the school." + "The school was standing on the hill."

이 문장을 해석해 보자.

"내가 간 곳은 학교다." + "그 학교가 서 있는 곳은 언덕 위이다."

이 문장을 연결하면 다음과 같다.

"내가 간 곳은 학교로서 그 학교가 서 있는 곳은 언덕 위이다."

현재분사로 연결된 후의 문장을 기존의 해석방식으로 해석해 보자.

"I went to the school standing on the hill."

"나는 언덕위에 서 있는 학교로 갔다."

현재분사로 연결하기 전과 기존의 해석을 비교해 보자.

- 연결 전: 내가 간 곳은 학교로서 학교가 서 있는 곳은 언덕 위이다.
- 연결 후: 나는 언덕위에 서 있는 학교로 갔다.

연결 전 한글해석은 현재분사를 접속사로 연결하여 순차적으로 해석한 반면, 연결 후 한글해석은 현재분사를 수식어로 연결하여 영어문장의 진행방향과 반대방향, 즉 역방향으로 해석했다.

두 문장의 뜻은 궁극적으로 같으나 두 문장의 해석순서에는 많은 차이를 보인다. 그러면 현재분사로 연결한 문장을 술술해석법으로 해석해 보자.

술술해석법

"I went" → "내가 간 곳은"
"I went to the school" → "내가 간 곳은 학교로서"
"I went to the school **standing**" → "내가 간 곳은 학교로서 **서 있는 곳은**"
"I went to the school **standing** on the hill." → "**내가 간 곳은** 학교로서 **서 있는 곳은** 언덕위이다."

현재분사로 연결하기 전 해석과 현재분사로 연결한 후 술술해석법을 적용한 해석을 비교해 보자.

- 연결 전 해석: 내가 간 곳은 학교로서 학교가 서 있는 곳은 언덕이다.
- 술술해석: 내가 간 곳은 학교로서 서 있는 곳은 언덕이다.

연결 전 해석 문장에서 중복되는 '학교'를 제외하면 두 해석문장은 동일하다고 볼 수 있다.

✓ 따라서 현재분사의 역할은 수식의 역할보다는 연결의 역할로 해석을 해야 영어문장의 진행방향과 해석방향이 같아진다.

예문을 하나 더 보자.

"The doctor **treating** the patient goes to the hospital."

이 문장은 다음 두 문장을 연결한 것이다.

"The doctor treats the patient" + "The doctor goes to the hospital."
두 문장으로 연결되기 전의 두 문장을 해석해 보자.

"그 의사가 치료하는 것은 그 환자다." + "그 의사가 가는 곳은 병원이다."

두 해석문장을 한 문장으로 연결해 보자.

"그 의사가 치료하는 것은 그 환자이며 그 의사가 가는 곳은 병원이다."

다음으로 위의 예문을 기존의 방식으로 해석해 보자.

"그 환자를 치료하는 의사는 병원으로 간다."

두 해석문장을 비교해 보자.

제4장 | 영어문법에 따른 술술해석법 141

- 연결 전: 그 의사가 치료하는 그 환자였으며 그 의사가 가는 곳은 병원이다.
- 연결 후: 그 환자를 치료하는 의사는 병원으로 간다.

해석문장의 차이를 보이는 것은 연결 전 해석은 현재분사를 연결사로 처리했으나, 연결 후의 기존 해석은 현재분사를 수식어로 처리했기 때문이다.

술술해석법

"The doctor **treating**" → "그 의사가 **치료하는 것은**"

"The doctor treating the patient" → "그 의사가 치료하는 것은 환자이고"

"The doctor treating the patient **goes**" → "그 의사가 치료하는 것은 환자이고 **가는 곳은**"

"The doctor **treating** the patient **goes** to the hospital." → "그 의사가 **치료하는 것은** 환자이고 **가는 곳은** 병원이다."

두 문장을 연결하기 전의 해석과 술술해석을 비교해 보자.

- 연결 전 해석: 그 의사가 치료하는 것은 그 환자이며 그 의사가 가는 곳은 병원이다.
- 술술해석: 그 의사가 치료하는 것은 환자이고 가는 곳은 병원이다.

두 문장의 해석방향과 의미가 같다. 두 해석은 현재분사를 연결사로 처리하여 해석했기 때문에 순차해석이 된다.

나 과거분사

과거분사는 한 문장에 동사가 두 개 나올 때 한 개의 동사가 수동의 의미를 가지고 ~ed형태로 표시가 된다. 현재분사가 능동의 의미를 가진다면 과거분사는 수동의 의미를 가진다는 면에서 차이가 있다. 예문을 보자.

"I **went** to the school **located** on the hill."

한 문장에 두 개의 동사 went와 located가 있다. 두 개의 동사가 있다는 것은 이 문장이 두 개의 문장으로 구성되어 있다는 의미이다. 두 문장으로 구분해 보자.

"I went to the school." + "The school was located on the hill."

과거분사로 연결하기 전의 두 문장을 해석해 보자.

"내가 간 곳은 학교다." + "그 학교가 위치한 곳은 언덕 위이다."

두 문장의 한글해석을 연결하면 다음과 같다.

"내가 간 곳은 학교로서 그 학교가 위치한 곳은 언덕 위이다."

다음으로 과거분사로 연결한 문장을 기존의 방식으로 해석해 보자.

"I went to the school located on the hill."

"나는 언덕 위에 위치한 학교로 갔다."

과거분사로 연결하기 전의 문장과 기존의 방식으로 해석한 문장을 비교해 보자.

- 연결 전: 내가 간 곳은 학교로서 학교가 위치한 곳은 언덕이다.
- 연결 후: 나는 언덕 위에 위치한 학교로 갔다.

두 문장의 해석순서에 차이가 나는 이유는 두 문장을 과거분사로 연결하기 전은 두 문장을 해석할 때는 단순히 연결사로 연결하여 순차적으로 해석했으나, 과거분사로 연결한 후의 문장을 해석할 때는 수식어로 해석을 했기 때문에 역방향으로 해석을 했다.

그러면 예문을 술술해석법으로 해석을 해 보자.

> 🔊 **술술해석법**
>
> "I went" → "내가 간 곳은"
>
> "I went to the school" → "내가 간 곳은 학교로서"
>
> "I went to the school located" → "내가 간 곳은 학교로서 **위치한 곳은**"
>
> "I went to the school located on the hill." → "**내가 간 곳은** 학교로서 **위치한 곳은** 언덕이다."

이제 예문을 두 문장으로 연결하기 전의 해석과 술술해석을 비교해 보자.

> – 연결 전 해석: 내가 간 곳은 학교로서 위치한 곳은 언덕이다.
> – 술술해석: 내가 간 곳은 학교로서 위치한 곳은 언덕이다.

두 해석이 같다는 것을 볼 수 있다. 같은 이유는 두 해석방법은 과거분사를 단순히 연결의 의미로 해석을 했기 때문이다.

예문을 한 개만 더 보자.

"We will find the soldiers **killed** in the Korean War."

> "We will find" → "우리가 찾으려고 하는 것은"
>
> "We will find the soldiers" → "우리가 찾으려고 하는 것은 군인으로"
>
> "We will find the soldiers killed" → "우리가 찾으려고 하는 것은 군인으로 **전사한 곳은**"
>
> "We will find the soldiers killed in the Korean War." → "**우리가 찾으려고 하는 것은** 군인으로 **전사한 곳은** 한국전이다."

분사 연습문제를 풀어보자.

⤵ 분사 연습문제 정답 · 226p

1. The group visited the museum built in 1950.

단계	영어문장	술술해석
1	The group	
2	The group visited	
3	The group visited the museum	
4	The group visited the museum built	
5	The group visited the museum built in 1950.	

2. They went to the park, with the dog following them.

단계	영어문장	술술해석
1	They	
2	They went	
3	They went to the park,	
4	They went to the park, with the dog	
5	They went to the park, with the dog following	
6	They went to the park, with the dog following them.	

3. Arriving at the bus terminal, I called my parents.

단계	영어문장	술술해석
1	Arriving	
2	Arriving at the bus terminal,	
3	Arriving at the bus terminal, I called	
4	Arriving at the bus terminal, I called my parents.	

4. Turning to the left, you will see the hospital.

단계	영어문장	술술해석
1	Turning	
2	Turning to the left,	
3	Turning to the left, you will see	
4	Turning to the left, you will see the hospital,	

5. The train leaves at five, arriving in Busan at six.

단계	영어문장	술술해석
1	The train	
2	The train leaves at five,	
3	The train leaves at five, arriving	
4	The train leaves at five, arriving in Busan	
5	The train leaves at five, arriving in Busan at six.	

6. He sat on the bench, with his eyes closed.

단계	영어문장	술술해석
1	He	
2	He sat	
3	He sat on the bench,	
4	He sat on the bench, with his eyes	
5	He sat on the bench, with his eyes closed.	

7. He noticed the blind man crossing the street.

단계	영어문장	술술해석
1	He	
2	He noticed	
3	He noticed the blind man	

단계	영어문장	술술해석
4	He noticed the blind man crossing	
5	He noticed the blind man crossing the street.	

8. The reporter was writing about the event held by the foundation.

단계	영어문장	술술해석
1	The reporter	
2	The reporter was writing about	
3	The reporter was writing about the event	
4	The reporter was writing about the event held by	
5	The reporter was writing about the event held by the foundation.	

9. He checked out the novel published in 1980.

단계	영어문장	술술해석
1	He	
2	He checked out	
3	He checked out the novel	
4	He checked out the novel published	
5	He checked out the novel published in 1980.	

10. The company will ship the box wrapped in a cushion.

단계	영어문장	술술해석
1	The company	
2	The company will ship	
3	The company will ship the box	
4	The company will ship the box wrapped	
5	The company will ship the box wrapped in a cushion.	

11. We will discuss the machine supplied by him.

단계	영어문장	술술해석
1	We	
2	We will discuss	
3	We will discuss the machine	
4	We will discuss the machine supplied	
5	We will discuss the machine supplied by him.	

12. I saw my mom buying vegetables at the supermarket.

단계	영어문장	술술해석
1	I	
2	I saw	
3	I saw my mom	
4	I saw my mom buying	
5	I saw my mom buying vegetables	
6	I saw my mom buying vegetables at the supermarket.	

5 접속사

☑ 접속사는 문장과 문장을 이어주는 역할을 하므로 접속사를 <u>독립적으로 해석해야</u> 한다.

접속사의 역할은 두 문장을 한 문장으로 연결하는 역할을 한다. 앞에서 설명한 관계사와 같이 두 문장을 연결하는 것은 같지만 이번에는 두 문장의 공통요소를 연결하는 것이 아니고 별도의 접속사를 사용한다는 것이 다르다.

필자가 영어문장을 영어문장의 순서대로 해석하는 방법을 연구할 때 접속사로 인해 정말 놀란 적이 있다. 왜냐하면 지금까지는 당연히 접속사는 접속사 뒤에 오는 문장(종속절이라고 한다.)에 붙여서 해석을 해 왔으나 정반대로 해석을 해야 한다는 것을 발견했기 때문이다.

영어문장의 순서에 따르면 접속사는 접속사가 나오기 전의 문장(주절이라고 한다.)에 붙여서 해석을 해야 되는 것이다. 왜냐하면 영어문장이 전개되는 순서상 먼저 나온 문장이 끝나고 나서 접속사가 나오고 그 다음에 또 문장이 전개되기 때문이다. 예문을 보면서 설명하자.

"I love my wife **because** she is beautiful."

이 문장은 because라는 접속사로 두 문장이 연결된 문장이다. 이 문장의 해석순서를 설명하기 위해 기존의 방식으로 해석을 해 보자.

"나는 나의 아내를 사랑한다. **왜냐하면** 그녀가 아름답기 때문이다."

해석의 방향을 살펴보자. 먼저 접속사 because 앞에 오는 문장을 해석한 후에 접속사를 해석하고 마지막으로 접속사 뒤에 오는 문장을 해석했다. 해석순서가 다음과 같다.

> 문장 → 접속사 → 문장

순서가 나타내는 것은 문장과 문장 사이에 위치한 접속사는 접속사를 별도로 해석했다는 의미이다. 여기서는 "왜냐하면"이라고 독립적으로 해석을 했다는 점에 주목해야 한다.

다음으로 생각해 보아야 하는 것은 접속사 because의 의미이다. 앞의 예문에서 because는 어떤 의미를 가지고 있는가. 여러분들이 다음의 의미 중 어떤 것인지 한 번 맞춰보기 바란다.

> a. 'because'의 의미는 '내가 아내를 사랑하는 이유'(문장의 앞에 연결)
> b. 'because'의 의미는 '그녀가 아름답기 때문"(문장의 뒤에 연결)

a의 의미는 'because'가 문장의 앞쪽에 있는 이유를 설명하므로 '내가 아내를 사랑하는 이유는 아내가 아름다워서'이고,

b의 의미는 'because'가 문장의 뒤쪽에 있는 이유를 설명하므로 '아내가 아름다워서 아내를 사랑한다.'는 뜻이다.

과연 여러분들은 선택은 어떤 것인가? 영어문장의 흐름상 정답은 a이다. 이 문장은 아내를 사랑한다는 문장이 먼저 등장했고 그 다음에 접속사 'because'가 왔으므로 앞쪽의 이유가 되는 것이다. 영어문장의 진행순서를 보자.

"I love my wife **because**"

만약 이 문장까지만 진행된다면 어떻게 해석을 할 것인가. 해석은 다음과 같을 것이다.

"나는 나의 아내를 사랑한다. **왜냐하면**"

여기까지 해석을 했을 경우 "왜냐하면"을 따라 오는 말이 아직 나오지 않았기 때문에 뒤의 내용을 알 수가 없다. 즉, 뒤의 말이 "she is beautiful."이 될 수도 있고, "she is smart."가 될 수도 있다. 즉, 접속사는 지금까지 진행된 말에 대해서 접속을 한다는 의미일 뿐 아니라, 뒤의 내용도 모르기 때문에 당연히 앞쪽의 말에 붙여서 해석을 해야 한다.

같은 맥락으로 앞에서 설명한 관계사 예문을 하나만 보자.

"I love my wife **who**"

만약 관계사 문장이 여기까지만 쓰였다면 'who'를 어떻게 해석할 것인가. 'who'뒤의 문장이 연결될 때까지 'who'를 해석하지 않고 기다릴 것인가.

이 문장은 다음과 같이 해석된다.

"내가 사랑하는 것은 나의 아내이고 **그 아내는**"

해석에서 'who'라는 관계사는 앞에 나오는 'my wife'를 설명하고 있다. 영어문장의 진행상 문장이 시작되고 다음으로 연결하는 관계사가 나왔으므로 문장의 진행순서에 따라 당연히 'who'는 앞의 말을 설명한다는 것이다. 또한 이 문장까지만 보았을 때 'who'뒤에는 아직 말이 나오지도 않았기 때문에 어떤 사람인지를 알 수도 없다.

이런 맥락에서 앞의 'because'도 뒤에 나오는 문장을 설명하는 것이 아니고 앞의 문장에 붙여서 해석을 해야 하는 것이다.

이렇게 조금은 어려운 설명을 한 이유는 다음에 나오는 접속사 'when'을 설명하기 위해서이다. 예문을 보자.

when

"I met my wife **when** I was 20."

이 문장의 해석을 어떻게 하겠는가. 기존의 해석을 보자.

"나는 내가 20살 **때** 나의 아내를 만났다."

기존의 해석방법에 따른 해석에서 'when'은 문장의 왼쪽에 붙어서 해석했는가, 아니면 문장의 오른쪽에 붙어서 해석했는가. 기존의 해석은 문장의 오른쪽, 즉 접속사의 뒤쪽에 붙어서 해석했다.

"……**when** I was 20."

"내가 20살 **때**……."

접속사를 접속사의 뒤 문장, 즉 오른쪽에 붙여서 해석을 하고 있다. 과연 접속사 'when'은 문장의 뒤쪽에 붙어 있을까. 다음 문장을 보자.

"I met my wife **when**……."

이제 영어문장이 진행되는 순서대로 'when'을 해석해 보자. 이 문장에서는 'when'을 어떻게 해석할 것인가? 문장이 끝날 때까지 'when'을 해석하지 않을 것인가?

우리가 지금까지 해석을 할 때는 문장 중간에 'when'이 오면 해석을 하지 않았다. 왜냐하면 'when'은 항상 문장 뒤에 붙여서 해석해야 한다고 생각하기 때문이다.

그러나 'when'은 문장의 뒤편에 붙는 것이 아니고 문장 진행상 문장의 앞쪽에 붙여야 한다면 해석을 어떻게 할 것인가?

다음과 같이 해석할 수 있다. 설명을 위해 기존의 해석방법으로 해석해 보자.

"나는 나의 아내를 만났다. **그때**……."

이 문장에서 과연 '그때'는 언제인가? 뒤에 아직 나오지도 않은 '때'인가? 아니면 앞에 나온 문장의 '때'인가? 당연히 앞에 나온 시점을 이야기한다. 접속사 'when'뒤에 나오지도 않은 내용을 어떻게 알 수가 있겠는가?

즉, 영어문장의 진행상 왼쪽에 나온 상황을 설명하는 것이다. 이 문장에서는 바로 "아내를 만났을 때"라는 뜻이다. 예문을 다시 해석해 보자.

"I met my wife **when** I was 20."

"내가 나의 아내를 만났을 **때** 나는 20살이었다."

이 해석에서 보듯이 'when'이 왼쪽의 문장에 붙어서 해석이 되었다는 것을 볼 수 있다. 이 문장을 문장의 진행순서와 동일하게 술술해석법으로 해석해 보자. 먼저 예문을 다시 한 번 보자.

"I met my wife **when** I was 20."

술술해석법으로 해석해 보자.

> 🔊 **술술해석법**

"I met" → "내가 만난 것은"
"I met my wife" → "내가 만난 것은 나의 아내이고"
"I met my wife when" → "내가 만난 것은 나의 아내이고 **그때**"
"**I met** my wife **when** I was 20." → "**내가 만난 것은** 나의 아내이고 **그때** 나는 20살이었다."

영어문장의 순서에 따라 해석하는 술술해석법은 접속사 when이 앞 문장의 시점을 나타내는 것으로 해석을 하게 되고 한글해석은 영어문장의 진행방향과 동일하게 진행되는 것을 볼 수 있다.

다음으로 접속사 if를 보자.

if
___

"I will marry you **if** you are rich."

예문에서는 접속사 if로 두 문장을 연결했다. 이 문장의 구성은 다음과 같다.

"I will marry you + if + you are rich."

이 문장이 쓰인 순서대로 해석을 해 보자.

"I will marry" → "내가 결혼할 사람은"

술술해석법으로 주어+동사를 한글 서술형 주어로 사용했다.

"I will marry you" → "내가 결혼할 사람은 당신이고"
"I will marry you if" → "내가 결혼할 사람은 당신이고 **조건은**"

이 문장에서는 if라는 접속사가 사용되었지만 if의 의미는 당신과 결혼하는 조건을 다음에 나열하겠다는 의미이다. 또한 if 뒤의 문장은 알지 못하므로 if는 앞의 문장에 붙여서 해석을 하는 것이 옳다고 할 것이다.

"<u>I will marry</u> you <u>if</u> you are rich." → "**내가 결혼할 사람은** 당신이고 **조건은** 당신이 부자라야 해."

다음으로 before와 after를 보자.

before와 after

접속사의 술술해석법 중에 재미있는 접속사가 before와 after이다. 어떻게 재미있는지 기대해도 좋을 듯하다.

먼저 before를 설명해 보자. 예문으로 설명해 보자.

"I will leave **before** the sun is on."

접속사 before는 접속사의 앞뒤에 사건 전개가 동시에 일어나지 않는다. 접속사 when이 있는 양쪽 영어문장은 사건의 발생 시점이 일정하게 정해진 시점이라는 것과 대조가 된다. 위의 예문에서 사건의 전개순서를 보자.

사건 전개의 이해를 쉽게 하기 위해 기존의 방식으로 먼저 해석을 해 보자.

"나는 해가 올라오기 전에 떠날 것이야."

기존 해석에서 해가 올라오는 것이 먼저인가? 아니면 내가 떠나는 것이 먼저인가? 이 해석에서는 당연히 첫 번째 일어나는 일은 내가 떠나는 것이고, 두 번째 일어나는 것이 해가 떠오르는 것이다. 즉,

> 사건전개: 1. 내가 떠나는 것 → 2. 해가 떠오르는 것

이 전개 순서대로 한글로 표현을 한다면 다음과 같을 것이다.

"내가 떠나고 난 후 해가 떠오를 것이다."

이렇게 영어문장을 만들려면 앞의 예문에 before를 after로 변경하면 똑같은 한글해석이 된다. 영어예문을 다시 보자.

> "I will leave <u>before</u> the sun is on."
> "나는 떠날 것이고, <u>그 후</u> 해가 떠오를 것이다."

before를 after로 해석을 해도 사건 전개에 아무런 영향을 주지 않는다.
따라서 before가 두 문장을 연결하는 접속사로 사용될 경우 after로 바꿔서 해석을 하면 된다.

예문을 하나 더 보자.

"You have to read the contract **before** you sign it."

예문의 사건 발생 순서를 먼저 보자. 이해를 돕기 위해 기존의 해석방법으로 해석을 해 보자.

"당신은 서명을 하기 전에 계약서를 읽어보아야 한다."

사건의 발생순서는 첫 번째가 계약서를 읽어보는 것이고, 두 번째가 서명을 하는 것이다. 앞에서의 경우처럼 before를 after로 바꿔서 해석을 해 보자.

> "You have to read the contract **before** you sign it."
> "당신은 계약서를 읽고 **난 후** 당신이 서명을 해야 한다."

한글해석이 사건의 전개순서와 일치하게 해석되었다.

그러면 after는 어떻게 되겠는가?

접속사 before가 있는 문장을 해석할 때는 before를 after로 바꿨다면 같은 논리로 접속사 after가 있는 문장은 한글해석 시에 before로 바꾸면 될까? 궁금해진다. 예문을 보자.

"I will leave **after** my father is here."

예문의 전개순서를 알기 위해 기존의 방식으로 해석해 보자.

"나는 아버지가 여기 오시고 난 후 출발할 것이다."

기존 해석문장에서 사건 전개는

> – 첫 번째: 아버지가 오신다.
> – 두 번째: 내가 출발을 한다.

즉, 아버지가 오신 후 내가 출발을 한다는 뜻이다.

예문의 after를 before로 변형하여 해석하면 뜻이 같아질까? 해석해 보자.

> "I will leave **after** my father is here."
> "내가 떠나기 **전에** 나의 아버지는 여기 오실 것이다."

한글해석이 사건의 전개순서와 동일하다.
연습문제를 풀어보자.

접속사 연습문제 정답·230p

1. My mother pays with cash when she goes shopping.

단계	영어문장	술술해석
1	My mother	
2	My mother pays	
3	My mother pays with cash	
4	My mother pays with cash when	
5	My mother pays with cash when she goes shopping.	

2. A cute boy cries at the department store because he got lost.

단계	영어문장	술술해석
1	A cute boy	
2	A cute boy cries	
3	A cute boy cries at the department store	
4	A cute boy cries at the department store because	
5	A cut boy cries at the department store because he got lost.	

3. My daughter will become a teacher as she is excellent at teaching.

단계	영어문장	술술해석
1	My daughter	
2	My daughter will become	
3	My daughter will become a teacher	
4	My daughter will become a teacher as	
5	My daughter will become a teacher as she	
6	My daughter will become a teacher as she is excellent	
7	My daughter will become a teacher as she is excellent at teaching.	

4. Boys stayed calm when the class began.

단계	영어문장	술술해석
1	Boys	
2	Boys stayed calm	
3	Boys stayed calm when	
4	Boys stayed calm when the class began.	

5. My sister-in-law looks young because she runs every morning.

단계	영어문장	술술해석
1	My sister-in-law	
2	My sister-in-law looks	
3	My sister-in-law looks young	
4	My sister-in-law looks young because	
5	My sister-in-law looks young because she	
6	My sister-in-law looks young because she runs	
7	My sister-in-law looks young because she runs every morning.	

6. I feel good as my husband's salary goes up.

단계	영어문장	술술해석
1	I	
2	I feel	
3	I feel good	
4	I feel good as	
5	I feel good as my husband's salary	
6	I feel good as my husband's salary goes up.	

7. He sounds strange as he caught a cold.

단계	영어문장	술술해석
1	He	
2	He sounds	
3	He sounds strange	
4	He sounds strange as	
5	He sounds strange as he	
6	He sounds strange as he caught a cold.	

8. They hate each other as they don't agree about everything.

단계	영어문장	술술해석
1	They	
2	They hate	
3	They hate each other	
4	They hate each other as	
5	They hate each other as they	
6	They hate each other as they don't agree	
7	They hate each other as they don't agree about everything.	

9. The boys broke the window when they played baseball.

단계	영어문장	술술해석
1	Boys	
2	Boys broke	
3	Boys broke the window	
4	Boys broke the window when	
5	Boys broke the window when they	
6	Boys broke the window when they played	
7	Boys broke the window when they played baseball.	

10. She asked him to leave before it got dark.

단계	영어문장	술술해석
1	She	
2	She asked	
3	She asked him	
4	She asked him to leave	
5	She asked him to leave before	
6	She asked him to leave before it got dark.	

11. The son heard his mom sing when he was young.

단계	영어문장	술술해석
1	The son	
2	The son heard	
3	The son heard his mom	
4	The son heard his mom sing	
5	The son heard his mom sing when	
6	The son heard his mom sing when he was young.	

12. The husband expected his wife to come early, but she didn't showed up until very late.

단계	영어문장	술술해석
1	The husband	
2	The husband expected	
3	The husband expected his wife	
4	The husband expected his wife to come early	
5	The husband expected his wife to come early, but she didn't show up	
6	The husband expected his wife to come early, but she didn't show up until very late.	

6 가주어

> 가주어 문장은 <u>가주어 + be + 형용사</u>를 서술형 주어로 만들어 해석한다.

영어와 한글의 차이점 중에 하나가 영어는 모든 문장에 주어를 사용하는 것이다. 1형식에서 5형식까지 모든 문장의 앞에는 반드시 주어가 나온다고 앞에서 설명했다.

영어에서 주어의 중요성을 설명해 주는 한 가지가 바로 가주어이다. 우리 한글에는 없는 독특한 주어이다. 가주어를 잠시 설명해 보자. 가주어는 주어가 길어질 때 주어를 간결하게 표현하기 위해 it를 사용해서 가짜로 주어를 표시하고 진짜 주어는 뒤로 보내어 문장을 표현하는 형식이다.

일반 영어문장에서도 보듯이 대부분의 영어문장의 시작은 대명사로 시작한다. you, he, she 등이 대표적이라고 할 수 있다. 따라서 영어에서는 가급적 주어를 표시할 때 대명사로 표시하고자 하는 경향이 강하다. 예문을 보면서 설명하자.

"To study is important."

이 문장에 문제가 있는가? 문장에는 문제가 없어 보인다. 해석도 무난히 할 수 있을 것으로 보인다.

"공부하는 것은 중요하다."

그런데 이 문장을 영어에서는 다음과 같이 표현한다.

"It is important to study."

"To study"를 뒤로 보내고 대신에 주어에 It를 사용했다. 이유는 주어를 다른 형식의 영어문장과 맞추기 위해 대명사를 사용한 것이다. 그러면 해석은 어떤가? 기존의 방법으로 해 보자.

"공부하는 것은 중요하다."

영어문장의 순서가 바뀌었는데도 한글해석에는 차이가 없다. 이 문장을 술술해석법으로 해 보자.

> "It is important" → "중요한 것은"
> "It is important to study" → "중요한 것은 공부하는 것이다"

지금까지 술술해석법은 주어+동사를 서술형 주어로 변형해서 새로운 주어를 만드는 것이었다. 여기서도 마찬가지로 be동사+형용사가 동사의 역할을 하는 것으로 보아 "It is important"를 서술형 주어로 만들었다.

이 문장에 행동을 하는 사람을 추가해 보자.

"It is important for him to study."

먼저 기존의 해석방식으로 해석해 보자.

"그가(for him) 공부하는 것은(to study) 중요하다.(It is important)"

영어문장의 진행방향과는 맞지 않는다. 술술해석법으로 해석을 해 보자.

🔊 술술해석법

> "It is important" → "중요한 것은"
> "It is important for him" → "중요한 것은 그가"
> "It is important for him to study." → "중요한 것은 그가 공부하는 것이다."

영어문장의 진행순서와 한글해석의 방향이 일치하는 것을 볼 수 있다.
연습문제를 풀어보자.

가주어 연습문제 정답・235p

1. It is natural for a baby to cry all day.

단계	영어문장	술술해석
1	It is natural	
2	It is natural for a baby	
3	It is natural for a baby to cry all day.	

2. It is important for him to study English.

단계	영어문장	술술해석
1	It is important	
2	It is important for him	
3	It is important for him to study	
4	It is important for him to study English.	

3. It was fun to watch the soccer game.

단계	영어문장	술술해석
1	It was fun	
2	It was fun to watch	
3	It was fun to watch the soccer game.	

4. It was too dark to recognize him.

단계	영어문장	술술해석
1	It was too dark	
2	It was too dark to recognize	
3	It was too dark to recognize him.	

5. It was difficult for her to solve the problem.

단계	영어문장	술술해석
1	It was difficult	
2	It was difficult for her	
3	It was difficult for her to solve	
4	It was difficult for her to solve the problem.	

6. It is impossible for him to pass the test.

단계	영어문장	술술해석
1	It is impossible	
2	It is impossible for him	
3	It is impossible for him to pass	
4	It is impossible for him to pass the test.	

7. It is easy to find a solution.

단계	영어문장	술술해석
1	It is easy	
2	It is easy to find	
3	It is easy to find a solution.	

8. It is very nice that you have helped the poor.

단계	영어문장	술술해석
1	It is very nice	
2	It is very nice that you	
3	It is very nice that you have helped	
4	It is ver nice that you have helped the poor.	

9. It is strange that he didn't say anything to me.

단계	영어문장	술술해석
1	It is strange	
2	It is strange that he	
3	It is strange that he didn't say anything	
4	It is strange that he didn't say anything to me.	

10. It is dangerous to drive on a rainy day.

단계	영어문장	술술해석
1	It is dangerous	
2	It is dangerous to drive	
3	It is dangerous to drive on a rainy day.	

11. It is amazing to see that the spaceship entered the orbit.

단계	영어문장	술술해석
1	It is amazing	
2	It is amazing to see	
3	It is amazing to see that the spaceship entered	
4	It is amazing to see that the spaceship entered the orbit.	

12. It was true that he had bought a big house.

단계	영어문장	술술해석
1	It was true	
2	It was true that he had bought	
3	It was true that he had bought a big house.	

7 전치사

☑ 전치사구는 자동사 뒤에 올 때는 바로 해석하고, 타동사+목적어 뒤에 나올 때는 전치사를 독립적으로 해석해야 한다.

영어를 공부할 때 전치사만을 공부할 때 단순하게 위치, 시간 등의 명사 앞에 붙여 쓰는 단어로서 크게 중요성을 나타내지 않는다. 전치사와 다른 말들이 합쳐지면 전치사구가 된다. 이 전치사구의 예를 몇 가지 들어보자.

시간을 나타낼 때 → at 5 pm
장소를 나타낼 때 → under the table

등으로 표현할 수 있다.

그러나 전치사구가 문장 속에 들어가면 이야기는 복잡해진다. 전치사구로 인하여 우리는 영어문장을 영어문장의 순서와 반대방향으로 해석을 하는 경우가 발생하고 있다. 예를 들어보자.

"I will go **at** 5 pm."

이 문장에서 전치사구는 'at 5 pm'으로서 동사 go를 꾸미는 역할을 한다. 이 문장을 해석하면 다음과 같다.

"나는(I) 오후 5시에(at 5 pm) 떠날 예정이다.(will go)"

영어문장의 순서와 한글해석의 순서가 맞지 않다. 이 문장을 술술해석법으로 해석해 보자.

> "I will go" → "내가 떠나는 것은"
> "I will go **at** 5 pm." → "내가 떠나는 **때는** 오후 5시이다."

영어문장의 순서와 한글해석의 순서가 동일하게 된다.

전치사구 해석에는 두 가지 유형으로 나눌 수 있다.

첫 번째는 주어+동사+전치사구 형태로서 영어문장에서 동사 뒤에 연이어 전치사구가 나올 때이다.

두 번째는 주어+동사+목적어+전치사구 형태로서 영어문장에서 목적어 뒤에 연이어 전치사구가 나올 때이다.

주어 + 동사 + 전치사구의 술술해석법

위의 예문을 다시 보자.

"I go to school."

이 문장의 구성은 주어+동사+전치사구로 구성되어 있다. 이 경우에는 전치사구가 동사를 구체적으로 설명하는 역할을 한다.

✓ 동사 뒤에 바로 전치사구가 나오는 경우의 해석방법은 주어+동사를 서술형 주어로 해석하고 뒤에 오는 전치사구를 바로 해석하면 된다.

위의 예문에서 "주어+동사"를 술술해석법으로 "~것은"으로 해석하고 전치사구를 바로 연결하면 된다.

> "I go" → "내가 가는 곳은"
> "**I go** to school." → "**내가 가는 곳은** 학교다"

영어와 한글해석의 진행순서가 같아진다.

다음 두 번째 경우를 보자.

주어 + 동사 + 목적어 + 전치사구의 술술해석법

이런 형태의 문장은 동사가 목적어에 막혀서 전치사구까지 영향을 미치지 못한다. 따라서 전치사구는 별도의 문장으로 해석해야 한다.

- 주어+동사+목적어를 한문장으로 해석하고
- 전치사구를 별도의 문장으로 해석

예문을 보자.

"I will meet him at 5 pm."

이 문장에서 동사(meet) 뒤에 목적어(him)가 나오고 있다. 동사는 목적어에 막혀 전치사구(at 5 pm)까지 도달하지 못한다. 따라서 주어+동사+목적어는 하나의 의미를 가지는 한글해석이 된다. 술술해석법으로 해석을 해 보자.

"I will meet" → "내가 만날 사람은"
"I will meet him" → "내가 만날 사람은 그 사람이다."

이 문장에서는 한글해석에서 문장이 완성된 형태이다. 즉 "~는 ~이다."라는 형태로 표현이 되었다. 한 개의 문장 의미가 완성되었다는 의미이다. 이 문장에 추가적으로 전치사구가 따라온다.

"I will meet him at 5 pm." → "내가 만날 사람은 그 사람이고, 시간은 오후 5시이다."

해석문장에서는 의미상 완결된 문장 뒤에 추가적인 말들이 오기 때문에 전치사는 별도의 문장으로 해석해야 한다. 이러한 추론이 가능한 것은 위의 예문이 두 문장으로 구성되어 있다는 것을 의미한다. 두 문장으로 분리해 보자.

"I will meet him." + " It is at 5 pm."

술술해석법으로 두 문장을 해석을 해 보면,

"내가 만날 사람은 그 사람이다." + "시간은 오후 5시이다."

분리된 두 문장의 한글해석과 위에서 술술해석법으로 해석한 문장과 동일한 순서로 해석이 된다.

그러나 이 문장을 기존의 해석방식으로 해석을 하면 영어문장의 진행방향과 한글해석의 진행방향이 다르게 된다.

기존의 방법으로 해석을 해 보자.

"나는(I) 그 사람을(him) 오후 5시에(at 5 pm) 만날 것이다.(will meet)"

영어문장의 진행순서와 한글해석의 진행순서가 일치하지 않는다. 전치사를 역할별로 설명해 보자.

장소를 나타내는 전치사

장소를 나타내는 전치사를 보자.

"I will buy a watch **at** a department store."

이 문장을 술술해석법으로 해석해 보자.

> "I will buy" → "내가 살 것은"
> "I will buy a watch" → "내가 살 것은 시계로서"
> "**I will buy** a watch **at** a department store." → "**내가 살 것은** 시계로서 **장소는** 백화점이다."

장소를 나타내는 전치사 in의 예문을 보자.

"I arrived **in** Busan."

술술해석법으로 해석을 해 보자.

> 🔊 **술술해석법**
>
> "I arrived" → "내가 도착한 곳은"
> "I arrived **in** Busan." → "내가 도착한 **곳은** 부산이다."

장소의 전치사 on의 예문을 보자.

"He was killed **on** the street."

술술해석법으로 해석을 해 보자.

> 🔊 **술술해석법**
>
> "He was killed" → "그 사람이 살해된 것은"
> "He was killed **on** the street." → "그 사람이 살해된 **곳은** 거리였다."

시기를 나타내는 전치사

다음으로 시기를 나타내는 전치사를 보자.

"They met the president **on** July 7, 2009."

술술해석법을 적용해 보자.

> 🔊 **술술해석법**

"They met" → "그들이 만난 사람은"

"They met the president" → "그들이 만난 사람은 대통령으로"

"They met the president **on** July 7, 2009." → "그들이 만난 사람은 대통령으로 **날짜는** 2009년 7월 7일이었다."

다음 예문을 보자.

"They will arrive **in** the early morning."

술술해석법으로 해석을 해 보자.

> 🔊 **술술해석법**

"They will arrive" → "그들이 도착하는 것은"
"They will arrive **in** the early morning." → "그들이 도착하는 **때는** 이른 아침일 것이다."

예문을 하나 더 보자.

"The group finally got to the camp **at** the dawn."

술술해석법으로 해석을 해 보자.

> 🔊 **술술해석법**

"The group finally got to" → "그룹들이 마침내 도착한 곳은"

"The group finally got to the camp" → "그룹들이 마침내 도착한 곳은 캠프이고"

"The group finally got to the camp **at** the dawn." → "그룹들이 마침내 도착한 곳은 캠프이고 **시간은** 새벽녘이었다."

제4장 | 영어문법에 따른 술술해석법 171

장소와 시간이 같이 오는 경우

다음으로 시간과 장소가 같이 있는 전치사구를 보자.

"They promised to visit their teacher **on** December 25 **at** the school."

이 문장을 술술해석법으로 해석해 보자.

🔊 술술해석법

"They promised" → "그들이 약속한 것은"

"They promised to visit" → "그들이 약속해서 방문하기로 한 것은"

"They promised to visit their teacher" → "그들이 약속해서 방문하기로 한 것은 그들의 선생님으로"

"They promised to visit their teacher **on** December 25"
→ "그들이 약속해서 방문하기로 한 것은 그들의 선생님으로 **날짜는** 12월 25일이었고"

"They promised to visit their teacher **on** December 25 **at** the school."
→ "그들이 약속해서 방문하기 한 것은 그들의 선생님으로 **날짜는** 12월 25일이었고 **장소는** 학교였다."

방향을 나타내는 전치사

방향을 나타내는 전치사는 up, down, out, into, toward 등이 있다. 예문을 보자.

"The boy jumped up the stairs toward the museum."

술술해석법으로 해석해 보자.

🔊 술술해석법

"The boy jumped **up**" → "그 소년이 점프해서 **올라간 곳은**"

"The boy jumped **up** the stairs" → "그 소년이 점프해서 **올라간 곳은** 계단으로"

"The boy jumped **up** the stairs **toward** the museum." → "그 소년이 점프해서 **올라간 곳은** 계단으로 **방향은** 박물관 쪽이었다."

다음 예문을 보자.

"They entered **into** the basement to find the old papers."

술술해석법으로 해석을 해 보자.

> 🔊 술술해석법

"They entered **into**" → "그들이 들어간 **곳은**"

"They entered into the basement" → "그들이 들어간 곳은 지하실이었고"

"They entered into the basement to find" → "그들이 들어간 곳은 지하실이었고, 찾으려는 것은"

"They entered **into** the basement to find the old papers." → "그들이 들어간 **곳은** 지하실이었고 찾으려고 한 것은 오래된 문서였다."

목적을 나타내는 전치사

목적을 나타내는 전치사로는 대표적인 것이 for이다.

다음 예문을 보자.

"I bought the toy **for** my son's birthday."

술술해석법으로 해석해 보자.

> 🔊 술술해석법

"I bought the toy" → "내가 구입한 것은 장난감으로"

"I bought the toy **for** my son's birthday" → "내가 구입한 곳은 장난감으로 **목적은** 나의 아들의 생일을 위해서이다."

기타 전치사

다음 예문을 보자.

"The boy leaned **against** the wall."

술술해석법으로 해석해 보자.

> 🔊 **술술해석법**
>
> "The boy leaned **against**" → "그 소년이 기대어 있었던 **곳은**"
> "The boy leaned **against** the wall." → "그 소년이 기대어 있었던 **곳은** 벽이었다."

예문을 하나 더 보자.

"The dog ran <u>around</u> the pond to catch a cat."

술술해석법으로 해석해 보자.

> 🔊 **술술해석법**
>
> "The dog ran **around**" → "그 개가 달려서 **돌아간 곳은**"
> "The dog ran around the pond" → "그 개가 달려서 돌아간 곳은 호수이고"
> "The dog ran **around** the pond to catch a cat." → "그 개가 달려서 **돌아간 곳은** 호수로서 잡으려고 한 것은 고양이였다."

다음 예문을 보자.

"The couple drove **through** the tunnel."

술술해석법으로 해석해 보자.

> 술술해석법
>
> "The couple drove **through**" → "부부가 운전을 해서 **통과한 것은**"
> "The couple drove **through** the tunnel." → "부부가 운전을 해서 **통과한 것은** 터널이었다."

연습문제를 풀어보자.

전치사 연습문제 정답 · 238p

1. My children run around the playground with their friends.

단계	영어문장	술술해석
1	My children	
2	My children run around	
3	My children run around the playground	
4	My children run around the playground with their friends.	

2. My parents stay in thospital for their illnesses.

단계	영어문장	술술해석
1	My parents	
2	My parents stay in	
3	My parents stay in the hospital	
4	My parents stay in the hospital for their illnesses.	

3. My parents-in-law live near my apartment in New York.

단계	영어문장	술술해석
1	My parents-in-law	
2	My parents-in-law live	
3	My parents-in-law live near my apartment	
4	My parents-in-law live near my apartment in New York.	

4. Students eat lunch at the school restaurant every day.

단계	영어문장	술술해석
1	Students	
2	Students eat	
3	Students eat lunch	
4	Students eat lunch at the school restaurant	
5	Students eat lunch at the school restaurant every day.	

5. My mom saves money for her daughter's studying abroad.

단계	영어문장	술술해석
1	My mom	
2	My mom saves	
3	My mom saves money	
4	My mom saves money for	
5	My mom saves money for her daughter's studying abroad.	

6. She pushes the cart toward the parking lot.

단계	영어문장	술술해석
1	She	
2	She pushes	
3	She pushes the cart	
4	She pushes the cart toward	
5	She pushes the cart toward the parking lot.	

7. She bought him an expensive watch at a department store.

단계	영어문장	술술해석
1	She	
2	She bought	
3	She bought him	
4	She bought him an expensive watch	
5	She bought him an expensive watch at a department store.	

8. He gave his mom some money for her trip to the U.S.

단계	영어문장	술술해석
1	He	
2	He gave	
3	He gave his mom	
4	He gave his mom some money	
5	He gave his mom some money for her trip to the U.S.	

9. The president offered him a prize for his voluntary works.

단계	영어문장	술술해석
1	The president	
2	The president offered	
3	The president offered him	
4	The president offered him a prize	
5	The president offered him a prize for his voluntary work.	

10. He helped her finish the course for graduation.

단계	영어문장	술술해석
1	He	
2	He helped	
3	He helped her	
4	He helped her finish the course	
5	He helped her finish the course for graduation.	

11. They thought him crazy because of his weird behavior.

단계	영어문장	술술해석
1	They	
2	They thought	
3	They thought him	
4	They thought him crazy	
5	They thought him crazy because of his weird behavior.	

12. I found out my wallet stolen in the lobby.

단계	영어문장	술술해석
1	I	
2	I found out	
3	I found out my wallet	
4	I found out my wallet stolen	
5	I found out my wallet stolen in the lobby.	

8 부정의 뜻을 가진 동사

✓ 부정의 뜻을 나타내는 동사 뒤에 나오는 동사는 부정으로 해석해야 한다.

동사에는 긍정의 동사가 있고 그 동사를 부정하려면 not를 붙여서 사용하면 된다. 예를 들면 다음과 같다.

"I follow the rule."

이 문장은 "follow"이라는 긍정의 행동을 나타내는 동사이다. 이 문장을 부정으로 만들려면 다음과 같다.

"I don't follow the rule."

부정으로 만들기 위해 동사 'follow'앞에 'don't'라는 말을 붙여서 사용했다. 그러나 이와 같이 긍정의 동사에 'not'을 붙여서 부정을 표시하지 않더라도 부정을 표시하는 단어가 있다. 다음의 말을 보자.

"I refused to follow the rule."

이 문장에서 긍정은 'follow'이다. 그런데 이 단어 앞에 부정을 나타내는 'refused'라는 동사를 붙였다. 따라서 'refused to follow'는 부정의 의미를 포함하게 된다.

이 문장을 어떻게 해석할 것인가?

먼저 기존의 해석방법으로 해석해 보자.

"I refused to follow the rule."

"나는(I) 그 규칙을(the rule) 따르기를(to follow) 거부했다.(refused)"

로 해석된다. 한글해석으로는 완벽하지만 영어문장의 순서와 한글해석의 순서는 일치하지 않는다.

술술해석법으로 해석해 보자.

> 🔊 술술해석법
>
> "I refused" → "내가 거부해서"
> "I refused to follow" → "내가 거부해서 **따르지 않은 것은**"

이 해석에서 주목할 점은 거부를 한 행동은 그대로 표시하지만 뒤에 따라오는 행동에 부정의 해석을 했다는 점이다. 즉, 내가 거부했으므로 뒤에 따라오는 단어는 행동을 하지 않은 것으로 해석해야 한다.

이 문장을 좀 더 이해하려면 문장을 분리해 보면 쉽게 이해된다. 영어문장에서 동사가 2개 있다는 뜻은 문장이 2개라는 뜻이다.

"I refused + I didn't follow."

해석을 해 보면

"내가 거부해서 + 내가 따르지 않은 것은"으로 해석할 수 있다. 이 두 문장을 한 문장으로 연결하기 위해 부정사를 사용한 것이다.

> "I refused to **follow** the rule." → "내가 거부해서 **따르지 않은 것은** 그 규칙이다."

이런 형태의 문장을 한 개 더 보자.

"I prevented him from wasting the money."

먼저 기존의 해석방법으로 해석해 보자.

"나는(I) 그가(him) 돈을(money) 낭비하지(wasting) 못하도록 했다.(prevent)"

영어문장의 진행순서와 한글해석의 진행순서가 맞지 않다. 술술해석법으로 해석해 보자.

"I prevented" → "내가 방지해서"
"I prevented him" → "내가 방지해서 그가"
"I prevented him from wasting" → "내가 방지해서 그가 낭비하지 않은 것은"

이 해석에서 앞의 'prevent'의 부정의 의미를 담은 동사로 인해 뒤에 나오는 동사 'waste'는 'not waste'로 해석했다.

"I prevented him from wasting the money." → "내가 방지해서 그가 낭비하지 않은 것은 돈이었다."

한 가지 예를 더 보자.

"I failed to complete the project."

술술해석법으로 해석해 보자.

🔊 술술해석법

"I failed" → "내가 실패해서"
"I failed to complete" → "내가 실패해서 완수하지 못했던 것은"
"I failed to complete the project." → "내가 실패해서 완수하지 못했던 것은 그 프로젝트이다."

부정의 뜻을 가진 동사의 연습문제를 풀어보자.

부정의 뜻을 가진 동사 연습문제 정답 · 242p

1. He abstains from drinking alcohol.

단계	영어문장	술술해석
1	He	
2	He abstains from	
3	He abstains from drinking	
4	He abstains from drinking alcohol.	

2. The soldier disobeyed the order to kill innocent civilians.

단계	영어문장	술술해석
1	The solider	
2	The solider disobeyed	
3	The solider disobeyed the order	
4	The solider disobeyed the order to kill	
5	The solider disobeyed the order to kill innocent civilians.	

3. The new law will discourage teenagers from purchasing alcohol.

단계	영어문장	술술해석
1	The new law	
2	The new law will discourage	
3	The new law will discourage teenagers	
4	The new law will discourage teenagers from purchasing	
5	The new law will discourage teenagers from purchasing alcohol.	

4. The teacher stopped his student from bullying other students.

단계	영어문장	술술해석
1	The teacher	
2	The teacher stopped	
3	The teacher stopped his student	
4	The teacher stopped his student from bullying	
5	The teacher stopped his students from bullying other students.	

5. She refrained from criticizing her husband in front of his friends.

단계	영어문장	술술해석
1	She	
2	She refrained from	
3	She refrained from criticizing	
4	She refrained from criticizing her husband	
5	She refrain from criticizing her husband in front of his friends.	

6. The project will prevent flood from damaging the river.

단계	영어문장	술술해석
1	The project	
2	The project will prevent	
3	The project will prevent flood	
4	The project will prevent flood from damaging	
5	The project will prevent flood from damaging the river.	

7. He failed to pass the exam.

단계	영어문장	술술해석
1	He	
2	He failed	
3	He failed to pass	
4	He failed to pass the exam.	

제5장
실전해석

지금까지 분야별로 연습한 내용을 다양한 문장에 적용해 보자.

🔊 실전해석 Ⅰ

Once upon a time there was a little girl called Goldilocks who lived on the edge of a great forest. She was called Goldilocks because she had very beautiful curly blond hair which gleamed like gold in the sunlight.
But she looked so pretty she could sometimes be very naughty. Every day as Goldilocks went out to play, her mom reminded her "Now you may go and play in the meadow, but don't go into the wood or you will get lost.

🔊 술술해석

☑ Once upon a time there was a little girl <u>called</u> Goldilocks
옛날 옛적에 한 소녀가 있었으며 <u>이름은</u> Goldilocks였고
<u>who lived</u> on the edge of a great forest. She was called Goldilocks
<u>살았던 곳은</u> 큰 숲의 가장자리였다. 그녀의 이름은 Goldilocks였는데
because <u>she had</u> very beautiful curly blond hair
이유는 <u>그녀가 가진</u> 아주 아름다운 곱슬 금발 때문이었으며
<u>which gleamed</u> like gold in the sunlight.
<u>금발이 빛난 것은</u> 마치 금이 태양아래 있을 때와 같았다.

☑ But <u>she looked</u> so pretty she could sometimes be very naughty.
그러나 <u>그녀의 모습은</u> 아주 아름다웠지만 그녀는 때때로 말을 듣지 않았다.
Every day as Goldilocks went out to play, <u>her mom reminded her</u>
매일 Goldilocks가 나가서 놀려고 할 때, <u>엄마가 그녀에게 상기시킨 것은</u>
"Now you may go and play in the meadow, but don't go into
"지금 네가 나가서 놀 수 있는 곳은 초원이지만 그러나 들어가지 않아야 할 곳은
the wood or you will get lost."
숲이야, 그렇지 않으면 너는 길을 잃어.

해설

- called: 과거분사로 '~불린 것은'을 '이름은'으로 처리
- who lived: 관계대명사 주격으로 서술형 주어로 처리
- she had: 주어+동사를 다음 명사를 꾸미는 형태로 해석
- which gleamed: 관계대명사 주격으로 서술형 주어로 처리
- she looked: 2형식으로 서술형 주어의 변형으로 처리
- her mom reminded her: 4형식으로 주어+동사+간접목적어를 서술형 주어로 처리

실전해석 2

Dima is a bright and colorful picture book for children. It is a story of a young boy whose imagination takes him to the clouds, which he calls Dima, the Arabic word for clouds. In the sky, the boy attends a party with the moon. By the end of the book the boy understands when the moon is full and when it is a half moon.

술술해석

☑ Dima is a bright and colorful picture book for children. It is a
디마는 밝고 화려한 그림책으로 어린이 용입니다. 이 이야기는
story of a young boy whose imagination takes him to the clouds,
한 소년에 관한 것으로 소년의 상상력이 그를 데려가는 곳은 구름으로
which he calls Dima, the Arabic word for clouds.
그것을 소년이 부른 이름은 디마였으며, 아라비아어로 구름이라는 뜻이다.

☑ In the sky, the boy attends a party with the moon.
하늘에서, 소년이 참석한 파티에 같이 간 것은 달이다.
By the end of the book the boy understands when the moon is full
책의 끝에 소년이 이해한 것은 언제 달이 차고,
and when it is a half moon.
언제 반달이 되는가이다.

🔊 설명

- for: 책을 읽을 대상을 표시하므로 ~용으로 표시
- whose imagination takes him: him 다음이 동사가 아니므로 4형식으로 해석
- the boy attends a party: 주어+동사+목적어를 한 문장으로 처리
- understands: 서술형 주어로 처리

🔊 실전해석 3

Children are welcomed each week with play time, songs and simple crafts and activities. Leaders present age-appropriate lessons using large, colorful teaching cards, finger puppet plays and more. Lessons teach and reinforce basic concepts.

🔊 술술해석

☑ <u>Children</u> are welcomed each week with play time, songs and simple
<u>어린이들을</u> 매주 환영하는 것은 놀이시간, 노래, 단순한
crafts and activities. Leaders <u>present</u> age-appropriate lessons
만들기와 활동 등이다. 선생님들이 <u>제공하는 것은</u> 나이에 적합한 수업으로
<u>using</u> large, colorful teaching cards, finger puppet plays and more.
<u>사용하는 것은</u> 크고 화려한 수업용 카드, 손가락 인형놀이 등이다.
Lessons <u>teach and reinforce</u> basic concepts.
수업이 <u>가르쳐서 강화시키고자</u> 하는 것은 기본 개념들이다.

🔊 설명

- children: 뒤에 수동형이 나와 목적격으로 해석
- present: 서술형 주어로 해석
- using: 서술형 주어로 해석
- teach and reinforce: 동사가 두 개 연속할 경우 '~해서 ~하는 것'으로 해석

실전해석 4

Here you will find useful information about your child and teen's education, including tips on choosing an Early Childhood Education service or school, what they learn, how their progress is assessed and other topics of interests.

술술해석

☑ Here you will find useful information about your child and teen's
이곳에서 귀하께서 찾을 수 있는 것은 유용한 정보이며 분야는 귀 자녀의
education, including tips on choosing an Early Childhood Education
교육 분야로서, 포함된 정보로 선택할 수 있는 것은 조기교육 또는
service or school, what they learn, how their progress is assessed
학교, 무엇을 자녀가 배울지, 어떻게 자녀의 진도가 평가될지 그리고
and other topics of interests.
다른 관심사항 등입니다.

해설

- will find: 주어+동사를 서술형 주어로 해석
- about: 정보가 다루는 분야로 해석
- choosing: ~하는 것으로 해석

실전해석 5

The International Children's Digital Library is a research project funded primarily by the National Science Foundation, the Institute for Museum and Library Services and Microsoft Research to create digital library of outstanding children's books all around the world. The project was introduced at an international celebration at the Library of Congress in Washington D.C. in November 2002.

🔊 **술술해석**

☑ The International Children's Digital Library is a research project
　국제아동 디지털도서관은 연구프로젝트로서
　funded primarily by the National Science Foundation, the Institute
　자금을 주로 지원하는 단체는 국가과학재단, 박물관·도서관 서비스청과
　for Museum and Library Services and Microsoft Research to create
　마이크로 소프트 연구소이며, 구축하고자 하는 것은
　digital library of outstanding children's books
　디지털 도서관으로 보유장서는 뛰어난 아동용 도서로서
　all around the world.
　전 세계에서 출판된 것이다.

☑ The project was introduced at an international celebration at the
　동 프로젝트가 소개된 장소는 국제 축하연이 열렸던
　Library of Congress in Washington D.C. in November 2002.
　국회도서관으로 소재지는 워싱톤 D.C.이며 시기는 2002년 11월이었다.

🔊 **해설**

- funded by: 수동태로 by 뒤에 주체가 나오므로 "~을 ~는"로 해석
- to create: 부정사로서 동사를 "~것은" 으로 처리
- of: 소유의 뜻으로 해석
- was introduced at: 동사 뒤에 목적어가 없으므로 전치사구를 바로 해석
- in: 장소와 시기를 나타내므로 별도의 문장으로 해석

🔊 **실전해석 6**

The City of Fairfax Regional Library opened its doors on January 26, 2008, as Fairfax County Public Library's first truly urban library.
Situated at the corner of North Street and Old Lee Highway, the building is considered the eastern gateway to the City of Fairfax.

> The oldest library branch in Fairfax, it opened in a small building in 1940 and was moved to Chain Bridge Road in 1962. It was called Central Library and served as the library headquarter's until 1982 when it was renamed Fairfax City Regional Library.

🔊 술술해석

☑ The City of Fairfax Regional Library opened its doors on January 26,
페어팩스 카운티 지역도서관이 개관한 시기는 2008년 1월 26일이며
2008, as Fairfax County Public Library's first truly urban library.
페어팩스 카운티 공공도서관의 사실상 첫 번째 도심 도서관이다.

☑ Situated at the corner of North Street and Old Lee Highway,
위치한 곳은 North Street과 Old Lee Highway의 교차로이고,
the building is considered the eastern gateway to
도서관 건물이 의미하고 있는 것은 동쪽 관문으로서 향하는 곳은
the City of Fairfax.
페어팩스시이다.

☑ The oldest library branch in Fairfax, it opened in a small
가장 오래된 도서관 분관으로 소재지는 페어팩스이며, 개관을 한 장소는
building in 1940 and was moved to Chain Bridge Road in 1962.
조그마한 빌딩으로 시점은 1940년이었고, 이전을 한 장소는 Chain Bridge
Road였으며 시점은 1962년이었다.

☑ It was called Central Library and served as the library headquarter's
이름은 중앙도서관이었으며 역할은 중심도서관이었으며
until 1982 when it was renamed Fairfax City Regional Library.
1982년까지였다. 그때 도서관의 이름이 변경되어 패어팩스시 지역도서관이 되었다.

해설

- in: 장소를 나타내므로 상황에 맞게 적절히 한글로 해석
- was moved to: 옮겨서 간 장소로 해석
- when : '그때'라고 독립적으로 해석

실전해석 7

Parts of the US are braced for potentially record-breaking low temperatures as a "polar vortex" brings more freezing weather.
Temperatures in the north and central US could feel as low as −51C with the effect of wind chill, forecasters say. It is reported that ice-breakers have been deployed to Lake Michigan to clear the way for freighters.

술술해석

☑ Parts of the US are <u>braced for</u> potentially record-breaking
미국의 일부지역이 <u>대비해야 하는 것은</u> 엄청난 기록의

low temperatures as a "polar vortex" <u>brings</u> more freezing weather.
최저기온이며 그 이유는 "북극 소용돌이"가 <u>몰고 올</u> 더 추운 날씨 때문이다.

☑ Temperatures in the north and central US could <u>feel</u> as low as -51C
미국의 북쪽과 중앙지역 기온은 <u>느끼기에</u> 영하 51도 정도이며

with the effect of wind chill. <u>It is reported that</u> ice-breakers
찬바람의 영향을 고려했을 때다. <u>보도에 따르면</u> 해빙선이

have been deployed <u>to</u> Lake Michigan <u>to clear</u> the way for freighters.
배치된 <u>곳은</u> 미시간호수이며 길을 <u>열어</u> 화물선이 다니도록 하기 위해서이다.

해설

- braced for: 대비를 해야 할 대상으로 해석
- brings: 미래형 서술형 주어로 해석
- feel: 2형식 동사를 서술형 주어로 해석
- It is reported that: 가주어 문장으로 문형에 맞게 별도의 문장으로 처리
- to: 배치된 장소를 표시
- to clear: 부정사로 순차적으로 해석

실전해석 8

Born during World War I, far from the corridors of power, a boy raised herding cattle and tutored by elders of his Thembu tribe would emerge as the last great liberator of the 20th century.

Like Gandhi, he would lead a resistance movement —a movement that at its start held little prospects of success. Like King, he would give potent voice to the claims of the oppressed, and the moral necessity of racial injustice. He would endure a brutal imprisonment that began in the time of Kennedy and Khrushchev, and reached the final days of the cold war.

술술해석

☑ Born during World War I, far from the corridors of power,
태어난 때는 1차 세계대전이었고, 권력의 통로와는 거리가 멀었던

a boy raised herding cattle and tutored by
한 소년이 자랄 때 몰고 다닌 것은 소떼였고, 소년을 가르친 사람들은

elders of his Thembu tribe would emerge as the last great liberator
Thembu족 어르신들이었으며, 마침내 위대한 해방주의자가 되었으며

of the 20th century.
시기는 20세기였다.

☑ Like Gandhi, he would <u>lead</u> a resistance movement -a movement that
간디와 같이, 그가 <u>주도한 것은</u> 저항운동이었으며 그 운동이
at its start held little prospects of success. Like King,
출발할 때만 해도 보이지 않았던 것은 성공의 전망이었다. 킹 목사와 같이,
he would <u>give potent voice</u> to the claims of the oppressed,
그가 강력한 <u>목소리로 지원한 것은</u> 억압받는 자들의 외침과
and the moral necessity of racial injustice. He would <u>endure</u>
도덕성이 필요한 인종 간 불평등이었다. 그가 견딘 것은
a brutal imprisonment <u>that began</u> in the time of Kennedy
잔인한 투옥이었으며, 투옥이 시작된 때는 케네디와
and Khrushchev, and <u>reached</u> the final days of the cold war.
흐루쇼프의 집권시기였고, 도달한 것은 냉전의 마지막 날들이었다.

🔊 해설

- raised herding: 동사 두 개가 연결된 형태로 순차적 해석
- tutored by: by로 인해 주어를 목적어로 별도로 표시
- lead, endure, reached: 서술형 주어로 처리
- give potent voice: 4형식으로 해석
- that began: 관계대명사 주격으로 처리

마치며

　필자가 새로운 영어해석 방법을 개발하면서 가장 뜻 깊게 생각한 것은 이 새로운 해석방식이 영어로 힘들어하는 학부모와 학생, 직장인, 그리고 미래에 태어날 우리의 후손들에게 도움이 되었으면 하는 것이었다.
　이런 방법이 좀 더 일찍 시도되고 개발되었다면 지금 현재 우리가 영어로 인해 겪고 있는 고통과 어려움을 조금이라도 덜 수 있었다는 점을 생각하면 가슴이 아파온다. 좀 더 쉽고, 좀 더 편하게 영어를 배울 수 있었다면 우리가 지금까지 영어에 쏟아왔던 자원과 열정을 다른 곳에 활용하여 좀 더 발전된 현재가 아니었을까 하는 생각을 해 본다.
　영어가 한 사람의 미래를 결정한다고 믿는 사람들이 많은 우리나라에서 보통의 초·중등 교육을 마친 사람이라면 자신이 표현하고자 하는 정도의 영어를 이해하고 구사할 수 있도록 해 모든 사람이 영어를 잘할 수 있다면 그 보다 더 기쁜 일이 어디 있겠는가.

　필자는 그 무엇보다도 영어를 좋아했기 때문에 많은 영어독서와 통역 등을 통한 경험을 바탕으로 이 책을 출간하지만 영어가 즐겁지 못한 사람들에게 이 책이 영어를 다시 좋아할 수 있는 계기가 되기를 바란다.
　이 책에서 꼭 말하고자 한 내용은 영어해석은 반드시 영어문장이 진행하는 방향으로 해석을 해야 한다는 것이다. 그렇게 함으로써 영어문장과 한글해석이 어느 정도 동시성을 가지고 이해를 할 수 있다는 것이다.
　방법론적으로는 기존의 영어 교육과 많이 다른 점이 있으나 여러 가지 방법을 놓고 선택을 하는 다양성의 측면에서 접근해 주기 바라며, 또한 영어문장에 한글을 맞춰서 해석해야 하는 관계로 한글 문장 구성에 부합하지 않은 점들이 있을 것으로 생각되지만, 해석은 영어문장을 머릿속으로 이해하는 것이 목적이라는 점을 생각하면 허용이 가능할 것으로 생각한다.

　이 책이 여러분들의 영어이해와 학습에 조금이나마 도움이 될 수 있기를 바라며 이 책에서 다루지 못한 부분들은 향후 더 많은 노력들을 통해 소개될 수 있기를 바란다.

1형식 기본 연습문제 정답 · 65p

1. My son goes to the library.

단계	영어문장	술술해석
1	My son	나의 아들은
2	My son goes to	나의 아들이 가는 곳은
3	My son goes to the library.	나의 아들이 가는 곳은 도서관이다.

2. We climb over the mountain.

단계	영어문장	술술해석
1	We	우리가
2	We climb over	우리가 올라가 넘어가는 곳은
3	We climb over the mountain.	우리가 올라가 넘어가는 곳은 산이다.

3. My children run around the playground.

단계	영어문장	술술해석
1	My children	나의 아이들이
2	My children run around	나의 아이들이 뛰어서 돌아가는 곳은
3	My children run around the play ground.	나의 아이들이 뛰어서 돌아가는 곳은 놀이터였다.

4. A bird flies in the sky.

단계	영어문장	술술해석
1	A bird	새가
2	A bird flies	새가 날아다니는 곳은
3	A bird flies in the sky.	새가 날아다니는 곳은 하늘이다.

5. My parents stay in the hospital.

단계	영어문장	술술해석
1	My parents	나의 부모님은
2	My parents stay	나의 부모님이 계시는 곳은
3	My parents stay in the hospital.	나의 부모님이 계시는 곳은 병원이다.

6. A young couple walk to the lake.

단계	영어문장	술술해석
1	A young couple	젊은 부부가
2	A young couple walk to	젊은 부부가 걸어가는 곳은
3	A young couple walk to the lake.	젊은 부부가 걸어가는 곳은 호수다.

7. Smith moves to Busan.

단계	영어문장	술술해석
1	Smith	스미스는
2	Smith moves to	스미스가 이사 가는 곳은
3	Smith moves to Busan.	스미스가 이사 가는 곳은 부산이다.

8. My mother pays with cash.

단계	영어문장	술술해석
1	My mother	어머니가
2	My mother pays with	어머니가 지불하는 것은
3	My mother pays with cash.	어머니가 지불하는 것은 현금이다.

9. A cute boy cries at the department store.

단계	영어문장	술술해석
1	A cute boy	귀여운 소년이
2	A cute boy cries at	귀여운 소년이 울고 있는 곳은
3	A cute boy cries at the department store.	귀여운 소년이 울고 있는 곳은 백화점이다.

10. My husband works at a famous company.

단계	영어문장	술술해석
1	My husband	나의 남편은
2	My husband works at	나의 남편이 일하는 곳은
3	My husband works at a famous company.	나의 남편이 일하는 곳은 유명한 회사이다.

11. My parents-in-law live near my apartment.

단계	영어문장	술술해석
1	My parents-in-law	나의 시부모님은
2	My parents-in-law live near	나의 시부모님이 살고 있는 곳은
3	My parents-in-law live near my apartment.	나의 시부모님이 살고 있는 곳은 내 아파트 부근이다.

12. A fox fell into the trap.

단계	영어문장	술술해석
1	A fox	여우 한 마리가
2	A fox fell into	여우 한 마리가 떨어진 곳은
3	A fox fell into the trap.	여우 한 마리가 떨어진 곳은 덫이었다.

2형식 기본 연습문제 정답 · 72p

1. My daughter will become a teacher.

단계	영어문장	술술해석
1	My daughter	내 딸은
2	My daughter will become	내 딸이 되고자 하는 것은
3	My daughter will become a teacher.	내 딸이 되고자 하는 것은 선생님이다.

2. Mr. Obama is the president of the U.S.

단계	영어문장	술술해석
1	Mr. Obama	오바마는
2	Mr. Obama is	오바마는
3	Mr. Obama is the president of the U.S.	오바마는 미국의 대통령이다.

3. My husband's face turned red.

단계	영어문장	술술해석
1	My husband's face	내 남편의 얼굴은
2	My husband's face turned	내 남편의 얼굴이 변해서
3	My husband's face turned red.	내 남편의 얼굴이 변해서 붉어졌다.

4. That sounds unfair.

단계	영어문장	술술해석
1	That	그것은
2	That sounds	그 소리는
3	That sounds unfair.	그 소리는 불공평하다.

5. My sister-in-law looks young.

단계	영어문장	술술해석
1	My sister-in-law	내 시누이는
2	My sister-in-law looks	내 시누이의 모습은
3	My sister-in-law looks young.	내 시누의 모습은 젊다.

6. You keep silent.

단계	영어문장	술술해석
1	You	너는
2	You keep	너는 계속해서
3	You keep silent.	너는 계속해서 조용히 해.

7. My mother continued to be tough.

단계	영어문장	술술해석
1	My mother	어머니는
2	My mother continued	어머니는 계속해서
3	My mother continued to be tough.	어머니는 계속해서 완강했다.

8. You look beautiful.

단계	영어문장	술술해석
1	You	너는
2	You look	너의 모습은
3	You look beautiful.	너의 모습은 아름답다.

9. I feel good.

단계	영어문장	술술해석
1	I	나는
2	I feel	나의 느낌은
3	I feel good.	나의 느낌은 좋다.

10. My son grew wiser.

단계	영어문장	술술해석
1	My son	나의 아들은
2	My son grew	나의 아들이 자라서
3	My son grew wiser.	나의 아들이 점차 현명해졌다.

11. The flower smells good.

단계	영어문장	술술해석
1	The flower	그 꽃은
2	The flower smells	그 꽃의 향기는
3	The flower smells good.	그 꽃의 향기는 좋다.

12. They stay close.

단계	영어문장	술술해석
1	They	그들은
2	They stay	그들은 머무르다
3	They stay close.	그들의 간격은 가깝다.

3형식 기본 연습문제 정답 · 81p

1. We will practice the violin.

단계	영어문장	술술해석
1	We	우리는
2	We will practice	우리가 연습할 것은
3	We will practice the violin.	우리가 연습할 것은 바이올린이다.

2. My husband plays tennis.

단계	영어문장	술술해석
1	My husband	내 남편은
2	My husband plays	내 남편이 하는 운동은
3	My husband plays tennis.	내 남편이 하는 운동은 테니스다.

3. They hate each other.

단계	영어문장	술술해석
1	They	그들은
2	They hate	그들이 미워하는 것은
3	They hate each other.	그들이 미워하는 것은 서로서로이다.

4. Students eat lunch.

단계	영어문장	술술해석
1	Students	학생들은
2	Students eat	학생들이 먹는 것은
3	Students eat lunch.	학생들이 먹는 것은 점심이다.

5. My mom saves money.

단계	영어문장	술술해석
1	My mom	나의 어머니는
2	My mom saves	나의 어머니가 모으는 것은
3	My mom saves money.	나의 어머니가 모으는 것은 돈이다.

6. The boys broke the window.

단계	영어문장	술술해석
1	The boys	소년들은
2	The boys broke	소년들이 깨뜨린 것은
3	The boys broke the window.	소년들이 깨뜨린 것은 창문이다.

7. She pushes the cart.

단계	영어문장	술술해석
1	She	그녀가
2	She pushes	그녀가 미는 것은
3	She pushes the cart.	그녀가 미는 것은 카트이다.

8. The old man opened the door.

단계	영어문장	술술해석
1	The old man	그 노인은
2	The old man opened	그 노인이 열었던 것은
3	The old man opened the door.	그 노인이 열었던 것은 문이다.

9. He turned on the light.

단계	영어문장	술술해석
1	He	그가
2	He turned on	그가 켰던 것은
3	He turned on the light.	그가 켰던 것은 전등이었다.

10. The maid cleaned the house.

단계	영어문장	술술해석
1	The maid	도우미는
2	The maid cleaned	도우미가 청소한 것은
3	The maid cleaned the housed.	도우미가 청소한 것은 집이다.

11. I moved the chair and the table.

단계	영어문장	술술해석
1	I	나는
2	I moved	내가 옮긴 것은
3	I moved the chair	내가 옮긴 것은 의자와
4	I moved the chair and the table.	내가 옮긴 것은 의자와 테이블이다.

12. My wife doesn't like sports.

단계	영어문장	술술해석
1	My wife	내 아내는
2	My wife doesn't like	내 아내가 좋아하지 않는 것은
3	My wife doesn't like sports.	내 아내가 좋아하지 않는 것은 스포츠다.

4형식 기본 연습문제 정답 · 90p

1. She buys him an expensive watch.

단계	영어문장	술술해석
1	She	그녀가
2	She buys	그녀가 산 것은
3	She buys him	그녀가 그에게 사준 것은
4	She buys him an expensive watch.	그녀가 그에게 사 준 것은 비싼 시계이다.

2. He gave his mom some money.

단계	영어문장	술술해석
1	He	그는
2	He gave	그가 준 것은
3	He gave his mom	그가 그의 어머니에게 준 것은
4	He gave his mom some money.	그가 그의 어머니에게 준 것은 조금의 돈이 었다.

3. My daughter asks me a lot of questions.

단계	영어문장	술술해석
1	My daughter	내 딸은
2	My daughter asks	내 딸이 물은 것은
3	My daughter asks me	내 딸이 나에게 물은 것은
4	My daughter asks me a lot of questions.	내 딸이 나에게 물은 것은 많은 질문이다.

4. My husband will build me a beautiful house.

단계	영어문장	술술해석
1	My husband	내 남편은
2	My husband will build	내 남편이 지을 것은
3	My husband will build me	내 남편이 나에게 지어 줄 것은
4	My husband will build me a beautiful house.	내 남편이 나에게 지어 줄 것은 아름다운 집이다.

5. The gentleman handed her a bunch of flowers.

단계	영어문장	술술해석
1	The gentleman	그 신사는
2	The gentleman handed	그 신사가 건네 준 것은
3	The gentleman handed her	그 신사가 그녀에게 건네 준 것은
4	The gentleman handed her a bunch of flowers.	그 신사가 그녀에게 건네 준 것은 한 다발의 꽃이었다.

6. The president offered him a prize.

단계	영어문장	술술해석
1	The president	대통령은
2	The president offered	대통령이 수여한 것은
3	The president offered him	대통령이 그에게 수여한 것은
4	The president offered him a prize.	대통령이 그에게 수여한 것은 표창장이었다.

7. She cooks me a delicious sandwich.

단계	영어문장	술술해석
1	She	그녀는
2	She cooks	그녀가 요리하는 것은
3	She cooks me	그녀가 나에게 요리해 주는 것은
4	She cooks me a delicious sandwich.	그녀가 나에게 요리해 주는 것은 맛있는 샌드위치이다.

8. The police will give him a ride.

단계	영어문장	술술해석
1	The police	경찰이
2	The police will give	경찰이 줄 것은
3	The police will give him	경찰이 그에게 줄 것은
4	The police will give him a ride.	경찰이 그에게 줄 것은 차량제공이다.

9. She will write him a letter.

단계	영어문장	술술해석
1	She	그녀는
2	She will write	그녀가 쓸 것은
3	She will write him	그녀가 그이에게 쓸 것은
4	She will write him a letter.	그녀가 그이에게 쓸 것은 편지이다.

10. His father taught him English.

단계	영어문장	술술해석
1	His father	그의 아버지는
2	His father taught	그의 아버지가 가르친 것은
3	His father taught him	그의 아버지가 그에게 가르친 것은
4	His father taught him English.	그의 아버지가 그에게 가르친 것은 영어다.

11. The sales woman showed her a new bag.

단계	영어문장	술술해석
1	The sales woman	세일즈 여성은
2	The sales woman showed	세일즈 여성이 보여준 것은
3	The sales woman showed her	세일즈 여성이 그녀에게 보여준 것은
4	The sales woman showed her a new bag.	세일즈 여성이 그녀에게 보여준 것은 새 가방이다.

12. She promised her mom a better grade.

단계	영어문장	술술해석
1	She	그녀는
2	She promised	그녀가 약속한 것은
3	She promised her mom	그녀가 엄마에게 약속한 것은
4	She promised her mom a better grade.	그녀가 엄마에게 약속한 것은 더 나은 성적이었다.

5형식 기본 연습문제 정답 · 101p

1. She wished him to come back soon.

단계	영어문장	술술해석
1	She	그녀는
2	She wished	그녀가 바란 것은
3	She wished him	그녀가 바란 것은 그이가
4	She wished him to come back soon.	그녀가 바란 것은 그이가 곧 오는 것이다.

2. He advised her not to go.

단계	영어문장	술술해석
1	He	그는
2	He advised	그가 충고한 것은
3	He advised her	그가 충고한 것은 그녀가
4	He advised her not to go.	그가 충고한 것은 그녀가 가지 않는 것이다.

3. My son heard his sister sing.

단계	영어문장	술술해석
1	My son	나의 아들은
2	My son heard	나의 아들이 들은 것은
3	My son heard his sister	나의 아들이 들은 것은 그의 누이가
4	My son heard his sister sing.	나의 아들이 들은 것은 그의 누이가 노래하는 것이었다.

4. Mom made him clean the house.

단계	영어문장	술술해석
1	Mom	엄마는
2	Mom made	엄마가 시켜서
3	Mom made him	엄마가 시켜서 그는
4	Mom made him clean	엄마가 시켜서 그가 청소한 것은
5	Mom made him clean the house.	엄마가 시켜서 그가 청소한 것은 집이었다.

5. My wife got our son to eat vegetables.

단계	영어문장	술술해석
1	My wife	나의 아내는
2	My wife got	나의 아내가 시켜서
3	My wife got our son	나의 아내가 시켜서 나의 아들은
4	My wife got our son to eat	나의 아내가 시켜서 나의 아들이 먹은 것은
5	My wife got our son to eat vegetables.	나의 아내가 시켜서 나의 아들이 먹은 것은 야채다.

6. He helped her finish the course.

단계	영어문장	술술해석
1	He	그는
2	He helped	그가 도와서
3	He helped her	그가 도와서 그녀가
4	He helped her finish	그가 도와서 그녀가 끝낸 것은
5	He helped her finish the course.	그가 도와서 그녀가 끝낸 것은 그 과정이었다.

7. She wanted him killed.

단계	영어문장	술술해석
1	She	그녀는
2	She wanted	그녀가 원했던 것은
3	She wanted him	그녀가 원했던 것은 그가
4	She wanted him killed.	그녀가 원했던 것은 그가 죽는 것이었다.

8. They found him guilty.

단계	영어문장	술술해석
1	They	그들은
2	They found	그들이 발견한 것은
3	They found him	그들이 발견한 것은 그가
4	They found him guilty.	그들이 발견한 것은 그가 유죄라는 것이었다.

9. The husband expected his wife to come early.

단계	영어문장	술술해석
1	The husband	남편은
2	The husband expected	남편이 기대하는 것은
3	The husband expected his wife	남편이 기대하는 것은 그의 아내가
4	The husband expected his wife to come early.	남편이 기대하는 것은 그의 아내가 일찍 오는 것이었다.

10. His wife doesn't allow her parents-in-law to visit.

단계	영어문장	술술해석
1	His wife	그의 부인은
2	His wife doesn't allow	그의 부인이 허락하지 않은 것은
3	His wife doesn't allow her parents-in-law	그의 부인이 허락하지 않은 것은 시부모님이
4	His wife doesn't allow her parents-in-law to visit.	그의 부인이 허락하지 않은 것은 시부모님이 방문을 하는 것이다.

11. Father forced his son to read a book.

단계	영어문장	술술해석
1	Father	아버지는
2	Father forced	아버지의 강요로
3	Father forced his son	아버지의 강요로 그의 아들이
4	Father forced his son to read	아버지의 강요로 그의 아들이 읽은 것은
5	Father forced his son to read a book.	아버지의 강요로 그의 아들이 읽은 것은 책이다.

12. I found out my wallet stolen.

단계	영어문장	술술해석
1	I	나는
2	I found out	내가 발견한 것은
3	I found out my wallet	내가 발견한 것은 내 지갑이
4	I found out my wallet stolen.	내가 발견한 것은 내 지갑이 분실되었다는 것이다.

관계사 연습문제 정답 · 119p

1. My son goes to the library which is located near my house.

단계	영어문장	술술해석
1	My son	나의 아들은
2	My son goes to	나의 아들이 가는 곳은
3	My son goes to the library	나의 아들이 가는 곳은 도서관이고
4	My son goes to the library which is located	나의 아들이 가는 곳은 도서관이고 도서관이 위치한 곳은
5	My son goes to the library which is located near my house.	나의 아들이 가는 곳은 도서관이고 도서관이 위치한 곳은 집 근처다.

2. A young couple walk to the lake where many people visit.

단계	영어문장	술술해석
1	A young couple	젊은 부부가
2	A young couple walk to	젊은 부부가 걸어가는 곳은
3	A young couple walk to the lake	젊은 부부가 걸어가는 곳은 호수로서
4	A young couple walk to the lake where	젊은 부부가 걸어가는 곳은 호수로서 그곳은
5	A young couple walk to the lake where many people visit.	젊은 부부가 걸어가는 곳은 호수로서 그곳은 많은 사람들이 방문한다.

3. The maid cleaned the house in which we had moved two days ago.

단계	영어문장	술술해석
1	The maid	가정부는
2	The maid cleaned	가정부가 청소한 것은
3	The maid cleaned the house	가정부가 청소한 것은 집으로
4	The maid cleaned the house in which	가정부가 청소한 것은 집으로 이 집으로
5	The maid cleaned the house in which we had moved	가정부가 청소한 것은 집으로 이집으로 우리가 이사온 것은
6	The maid cleaned the house in which we had moved two days ago.	가정부가 청소한 것은 집으로 이집으로 우리가 이사온 것은 이틀전이다.

4. My daughter asks me a lot of questions which I don't understand.

단계	영어문장	술술해석
1	My daughter	내 딸은
2	My daughter asks	내 딸이 물은 것은
3	My daughter asks me	내 딸이 나에게 물은 것은
4	My daughter asks me a lot of questions	내 딸이 나에게 물은 것은 많은 질문으로
5	My daughter asks me a lot of questions which	내 딸이 나에게 물은 것은 많은 질문으로 그 질문을
6	My daughter asks me a lot of questions which I don't understand.	내 딸이 나에게 물은 것은 많은 질문으로 그 질문을 나는 이해하지 못한다.

5. My husband will build me a beautiful house where we will live together.

단계	영어문장	술술해석
1	My husband	나의 남편은
2	My husband will build	나의 남편이 건축할 것은
3	My husband will build me	나의 남편이 나에게 건축해 줄 것은
4	My husband will build me a beautiful house	나의 남편이 나에게 건축해 줄 것은 아름다운 집으로
5	My husband will build me a beautiful house where	나의 남편이 나에게 건축해 줄 것은 아름다운 집으로 그곳에서
6	My husband will build me a beautiful house where we will live together.	나의 남편이 나에게 건축해 줄 것은 아름다운 집으로 그곳에서 우리는 같이 살 것이다.

6. The sales woman showed me a new bag which she would love to buy.

단계	영어문장	술술해석
1	The sales woman	판매 여성이
2	The sales woman showed	판매 여성이 보여준 것은
3	The sales woman showed her	판매 여성이 그녀에게 보여준 것은
4	The sales woman showed her a new bag	판매 여성이 그녀에게 보여준 것은 새 가방으로

| 5 | The sales woman showed her a new bag which | 판매 여성이 그녀에게 보여준 것은 새 가방으로 그 가방을 |
| 6 | The sales woman showed her a new bag which she would love to buy. | 판매 여성이 그녀에게 보여준 것은 새 가방으로 그 가방을 그녀가 사고 싶었다. |

7. A son promised his mom a better grade, which proved to be false.

단계	영어문장	술술해석
1	A son	아들이
2	A son promised	아들이 약속한 것은
3	A son promised his mom	아들이 엄마에게 약속한 것은
4	A son promised his mom a better grade	아들이 엄마에게 약속한 것은 좋은 성적이었으며
5	A son promised his mom a better grade which was proved	아들이 엄마에게 약속한 것은 좋은 성적이었으며 그것은 결국
6	A son promised his mom a better grade which proved to be false.	아들이 엄마에게 약속한 것은 좋은 성적이었으며 그것은 결국 거짓이었다.

8. Mom made him clean the house which was messed up with his playing.

단계	영어문장	술술해석
1	Mom	엄마는
2	Mom made	엄마가 시켜서
3	Mom made him	엄마가 시켜서 그가
4	Mom made him clean	엄마가 시켜서 그가 청소한 것은
5	Mom made him clean the house	엄마가 시켜서 그가 청소한 것은 집으로
6	Mom made him clean the house which was messed up	엄마가 시켜서 그가 청소한 것은 집으로 그 집이 엉망이 된 것은
7	Mom made him clean the house which was messed up with his playing.	엄마가 시켜서 그가 청소한 것은 집으로 그 집을 엉망으로 만든 것은 그의 놀이 때문이다.

9. My wife got our son to eat vegetables which most children hate.

단계	영어문장	술술해석
1	My wife	내 아내는
2	My wife got	내 아내가 시켜서
3	My wife got our son	내 아내가 시켜서 아들은
4	My wife got our son to eat	내 아내가 시켜서 아들이 먹은 것은
5	My wife got our son to eat vegetables	내 아내가 시켜서 아들이 먹은 것은 야채로서
6	My wife got our son to eat vegetables which	내 아내가 시켜서 아들이 먹은 것은 야채로서 그 야채를
7	My wife got our son to eat vegetables which most children hate.	내 아내가 시켜서 아들이 먹은 것은 야채로서 그 야채를 대부분의 아이들은 싫어한다.

10. You have to use familiar words which deliver a clear message.

단계	영어문장	술술해석
1	You	당신은
2	You have to use	당신이 사용해야 하는 것은
3	You have to use familiar words	당신이 사용해야 하는 것은 친밀한 단어로서
4	You have to use familiar words which deliver	당신이 사용해야 하는 것은 친밀한 단어로 그 단어들이 전달하는 것은
5	You have to use familiar words which deliver a clear message.	당신이 사용해야 하는 것은 친밀한 단어로 그 단어들이 전달하는 것은 분명한 메시지이다.

수동태 연습문제 정답 · 127p

1. He was punished by his teacher.

단계	영어문장	술술해석
1	He	그는
2	He was punished	그는 처벌되었다.
3	He was punished by his teacher.	그를 처벌한 것은 그의 선생님이었다.

2. The problem was caused by the mistake.

단계	영어문장	술술해석
1	The problem	그 문제는
2	The problem was caused	그 문제가 야기되었다.
3	The problem was caused by the mistake.	그 문제를 야기한 것은 그 실수 때문이다.

3. The president was killed by his aid.

단계	영어문장	술술해석
1	The president	대통령은
2	The president was killed	대통령이 살해되었다.
3	The president was killed by his aid.	대통령을 살해한 사람은 그의 측근이었다.

4. The area was damaged by the typhoon.

단계	영어문장	술술해석
1	The area	그 지역은
2	The area was damaged	그 지역은 피해를 입었다.
3	The area was damaged by the typhoon.	그 지역에 피해를 입힌 것은 태풍이었다.

5. The boy was swept away by the flood.

단계	영어문장	술술해석
1	The boy	그 소년은
2	The boy was swept away	그 소년은 쓸려 내려갔다.
3	The boy was swept away by the flood.	그 소년을 쓸고 내려간 것은 홍수였다.

6. People can be bitten by small insects.

단계	영어문장	술술해석
1	People	사람들은
2	People can be bitten	사람들은 물릴 수 있다.
3	People can be bitten by small insects.	사람들을 물을 수 있는 것은 조그마한 벌레들이다.

7. The flowers were sent by her husband.

단계	영어문장	술술해석
1	The flowers	그 꽃들은
2	The flowers were sent	그 꽃들이 보내졌다.
3	The flowers were sent by her husband.	그 꽃들을 보낸 사람은 그녀의 남편이었다.

8. The prize was presented by the CEO.

단계	영어문장	술술해석
1	The prize	그 상은
2	The prize was presented	그 상이 수여되었다.
3	The prize was presented by the CEO.	그 상을 수여한 사람은 CEO였다.

9. The thief was caught by the police.

단계	영어문장	술술해석
1	The thief	그 도둑은
2	The thief was caught	그 도둑이 잡혔다.
3	The thief was caught by the police.	그 도둑을 잡은 것은 경찰이었다.

10. The car is going to be fixed by a mechanic.

단계	영어문장	술술해석
1	The car	그 차는
2	The car is going to be fixed	그 차는 고쳐질 것이다.
3	The car is going to be fixed by a mechanic.	그 차를 고칠 사람은 정비공이다.

11. The event was held by the city government.

단계	영어문장	술술해석
1	The event	이 행사는
2	The event was held	이 행사는 개최되었다.
3	The event was held by the city government.	이 행사를 개최한 것은 시정부였다.

12. The window was broken by the boys who played soccer.

단계	영어문장	술술해석
1	The window	창문은
	The window was broken	창문은 깨졌다.
2	The window was broken by the boys	창문을 깬 사람은 그 소년들이었다.
3	The window was broken by the boys who played	창문을 깬 사람은 그 소년들이었으며 그 소년들이 놀고 있었던 것은
4	The window was broken by the boys who played soccer.	창문을 깬 사람은 그 소년들이었으며 그 소년들이 놀고 있었던 것은 축구였다.

부정사 연습문제 정답 · 136p

1. A cat is in under the chair to run away from the dog.

단계	영어문장	술술해석
1	A cat	고양이는
2	A cat is under the chair	고양이가 의자 아래 있으며
3	A cat is under the chair to run away	고양이가 의자 아래 있으며 피하고자 하는 것은
4	A cat is under the chair to run away from the dog.	고양이가 의자 아래 있으며 피하고자 하는 것은 개다.

2. The old man opened the door to look at what's inside.

단계	영어문장	술술해석
1	The old man	노인은
2	The old man opened	노인이 열었던 것은
3	The old man opened the door	노인이 열었던 것은 문이고
4	The old man opened the door to look at	노인이 열었던 것은 문이고 찾고자 한 것은
5	The old man opened the door to look at what's inside.	노인이 열었던 것은 문이고 찾고자 한 것은 안에 있는 것이었다.

3. He turned on the light to find the dog.

단계	영어문장	술술해석
1	He	그는
2	He turned on	그가 켰던 것은
3	He turned on the light	그가 켰던 것은 전등이고
4	He turned on the light to find	그가 켰던 것은 전등이고 찾으려고 한 것은
5	He turned on the light to find the dog.	그가 켰던 것은 전등이고 찾으려고 한 것은 개였다.

4. I moved the chair and the table to make room.

단계	영어문장	술술해석
1	I	나는
2	I moved	내가 옮긴 것은
3	I moved the chair and the table	내가 옮긴 것은 의자와 테이블이고
4	I moved the chair and the table to make room	내가 옮긴 것은 의자와 테이블이고 만들고자 한 것은 공간이었다.

5. She will write him a letter to express her mind.

단계	영어문장	술술해석
1	She	그녀는
2	She will write	그녀가 쓸 것은
3	She will write him	그녀가 그에게 쓸 것은
4	She will write him a letter	그녀가 그에게 쓸 것은 편지로서
5	She will write him a letter to express	그녀가 그에게 쓸 것은 편지로서 표현하고 하는 것은
6	She will write him a letter to express her mind.	그녀가 그에게 쓸 것은 편지로서 표현하고자 하는 것은 그녀의 마음이다.

6. You have to use your real voice to express what you want to do.

단계	영어문장	술술해석
1	You	너는
2	You have to use	너가 사용해야 하는 것은
3	You have to use your real voice	너가 사용해야 하는 것은 너의 진정한 목소리로
4	You have to use your real voice to express	너가 사용해야 하는 것은 너의 진정한 목소리로 표현해야 하는 것은
5	You have to use your real voice to express what you want to do.	너가 사용해야 하는 것은 너의 진정한 목소리로 표현해야 하는 것은 너가 원해서 하고자 하는 것이다.

7. Free time gives you the power to regain your energy.

단계	영어문장	술술해석
1	Free time	자유시간은
2	Free time gives	자유시간이 주는 것은
3	Free time gives you	자유시간이 너에게 주는 것은
4	Free time gives you the power	자유시간이 너에게 주는 것은 힘이고
5	Free time gives you the power to regain	자유시간이 너에게 주는 것은 힘이고 되찾는 것은
6	Free time gives you the power to regain your energy.	자유시간이 너에게 주는 것은 힘이고 되찾는 것은 너의 에너지다.

8. Animals have developed useful weapons to protect themselves.

단계	영어문장	술술해석
1	Animals	동물들은
2	Animals have developed	동물들이 개발해 왔던 것은
3	Animals have developed useful weapons	동물들이 개발해 왔던 것은 유용한 무기로서
4	Animals have developed useful weapons to protect	동물들이 개발해 왔던 것은 유용한 무기로서 보호하고자 한 것은
5	Animals have developed useful weapons to protect themselves.	동물들이 개발해 왔던 것은 유용한 무기로서 보호하고자 한 것은 그들 자신들이다.

9. There are many ways to deal with the problems.

단계	영어문장	술술해석
1	There	
2	There are many ways	많은 방법으로
3	There are many ways to deal with	많은 방법으로 처리할 수 있는 것은
4	There are many ways to deal with the problems.	많은 방법으로 처리할 수 있는 것은 그 문제들이다.

10. He helped the old lady cross the street.

단계	영어문장	술술해석
1	He	그는
2	He helped	그가 도와줘서
3	He helped the old lady	그가 도와줘서 그 노인이
4	He helped the old lady cross	그가 도와줘서 그 노인이 건너간 곳은
5	He helped the old lady cross the street.	그가 도와줘서 그 노인이 건너간 곳은 거리였다.

분사 연습문제 정답 · 145p

1. The group visited the museum built in 1950.

단계	영어문장	술술해석
1	The group	그룹은
2	The group visited	그룹이 방문한 곳은
3	The group visited the museum	그룹이 방문한 곳은 박물관으로
4	The group visited the museum built	그룹이 방문한 곳은 박물관으로 지어진 때는
5	The group visited the museum built in 1950.	그룹이 방문한 곳은 박물관으로 지어진 때는 1950년이었다.

2. They went to the park, with the dog following them.

단계	영어문장	술술해석
1	They	그들은
2	They went	그들이 간 곳은
3	They went to the park,	그들이 간 곳은 공원이었으며
4	They went to the park, with the dog	그들이 간 곳은 공원이었으며, 개가
5	They went to the park, with the dog following	그들이 간 곳은 공원이었으며, 개가 따라간 것은
6	They went to the park, with the dog following them.	그들이 간 곳은 공원이었으며, 개가 따라간 것은 그들이었다.

3. Arriving at the bus terminal, I called my parents.

단계	영어문장	술술해석
1	Arriving	도착한 곳은
2	Arriving at the bus terminal,	도착한 곳은 버스터미널이었고,
3	Arriving at the bus terminal, I called	도착한 곳은 버스터미널이었고, 내가 전화한 사람은
4	Arriving at the bus terminal, I called my parents.	도착한 곳은 버스터미널이었고, 내가 전화한 사람은 부모님이었다.

4. Turning to the left, you will see the hospital.

단계	영어문장	술술해석
1	Turning	돌아가야 하는 곳은
2	Turning to the left,	돌아서 왼쪽에,
3	Turning to the left, you will see	돌아서 왼쪽에, 너가 볼 수 있는 것은
4	Turning to the left, you will see the hospital.	돌아서 왼쪽에, 너가 볼 수 있는 것은 병원이야.

5. The train leaves at five, arriving in Busan at six.

단계	영어문장	술술해석
1	The train	기차는
2	The train leaves at five,	기차가 출발하는 시간은 5시이고,
3	The train leaves at five, arriving	기차가 출발하는 시간은 5시이고, 도착하는 곳은
4	The train leaves at five, arriving in Busan	기차가 출발하는 시간은 5시이고, 도착하는 곳은 부산으로
5	The train leaves at five, arriving in Busan at six.	기차가 출발하는 시간은 5시이고, 도착하는 곳은 부산으로 시간은 6시이다.

6. He sat on the bench, with his eyes closed.

단계	영어문장	술술해석
1	He	그는
2	He sat	그가 앉아있는 곳은
3	He sat on the bench,	그가 앉아있는 곳은 벤치였고,
4	He sat on the bench, with his eyes	그가 앉아있는 곳은 벤치였고, 그의 눈은
5	He sat on the bench, with his eyes closed.	그가 앉아있는 곳은 벤치였고, 그의 눈은 감겨져 있었다.

7. He noticed the blind man crossing the street.

단계	영어문장	술술해석
1	He	그는
2	He noticed	그가 바라 본 것은
3	He noticed the blind man	그가 바라 본 것은 장님으로
4	He noticed the blind man crossing	그가 바라 본 것은 장님으로 장님이 건너고 있었던 것은
5	He noticed the blind man crossing the street.	그가 바라 본 것은 장님으로 장님이 건너고 있었던 것은 거리였다.

8. The reporter was writing about the event held by the foundation.

단계	영어문장	술술해석
1	The reporter	기자는
2	The reporter was writing about	기자가 쓰고 있었던 것은
3	The reporter was writing about the event	기자가 쓰고 있었던 것은 그 행사로
4	The reporter was writing about the event held by	기자가 쓰고 있었던 것은 그 행사로 주최는
5	The reporter was writing about the event held by the foundation.	기자가 쓰고 있었던 것은 그 행사로 주최는 그 재단이었다.

9. He checked out the novel published in 1980.

단계	영어문장	술술해석
1	He	그는
2	He checked out	그가 대출한 것은
3	He checked out the novel	그가 대출한 것은 소설로서
4	He checked out the novel published	그가 대출한 것은 소설로서 발행된 때는
5	He checked out the novel published in 1980.	그가 대출한 것은 소설로서 발행된 때는 1980년이었다.

10. The company will ship the box wrapped in a cushion.

단계	영어문장	술술해석
1	The company	그 회사는
2	The company will ship	그 회사가 선적할 것은
3	The company will ship the box	그 회사가 선적할 것은 박스로서
4	The company will ship the box wrapped	그 회사가 선적할 것은 박스로서 포장은
5	The company will ship the box wrapped in a cushion.	그 회사가 선적할 것은 박스로서 포장은 쿠숀으로 되어있다.

11. We will discuss the machine supplied by him.

단계	영어문장	술술해석
1	We	우리는
2	We will discuss	우리가 논의할 것은
3	We will discuss the machine	우리가 논의할 것은 기계로서
4	We will discuss the machine supplied	우리가 논의할 것은 기계로서 공급된
5	We will discuss the machine supplied by him.	우리가 논의할 것은 기계로서 공급을 한 사람은 그 사람이었다.

12. I saw my mom buying vegetables at the supermarket.

단계	영어문장	술술해석
1	I	나는
2	I saw	내가 본 것은
3	I saw my mom	내가 본 것은 엄마가
4	I saw my mom buying	내가 본 것은 엄마가 사고 있던 것이
5	I saw my mom buying vegetables	내가 본 것은 엄마가 사고 있던 것이 야채였으며
6	I saw my mom buying vegetables at the supermarket.	내가 본 것은 엄마가 사고 있던 것이 야채였으며 장소는 슈퍼였다.

접속사 연습문제 정답 · 157p

1. My mother pays with cash when she goes shopping.

단계	영어문장	술술해석
1	My mother	나의 어머니는
2	My mother pays	나의 어머니가 지불하는 것은
3	My mother pays with cash	나의 어머니가 지불하는 방법은 현금이고
4	My mother pays with cash when	나의 어머니가 지불하는 방법은 현금이고 그때
5	My mother pays with cash when she goes shopping.	나의 어머니가 지불하는 방법은 현금이고 그때 어머니는 쇼핑을 하신다.

2. A cute boy cries at the department store because he got lost.

단계	영어문장	술술해석
1	A cute boy	귀여운 소년이
2	A cute boy cries	귀여운 소년이 울고 있다.
3	A cute boy cries at the department store	귀여운 소년이 울고 있는 곳은 백화점이고
4	A cute boy cries at the department store because	귀여운 소년이 울고 있는 곳은 백화점이고 이유는
5	A cute boy cries at the department store because he got lost.	귀여운 소년이 울고 있는 곳은 백화점이고 이유는 길을 잃었기 때문이다.

3. My daughter will become a teacher as she is excellent at teaching.

단계	영어문장	술술해석
1	My daughter	내 딸은
2	My daughter will become	내 딸이 되고자 하는 것은
3	My daughter will become a teacher	내 딸이 되고자 하는 것은 선생님으로
4	My daughter will become a teacher as	내 딸이 되고자 하는 것은 선생님으로 왜냐하면

5	My daughter will become a teacher as she	내 딸이 되고자 하는 것은 선생님으로 왜냐하면 그녀가
6	My daughter will become a teacher as she is excellent	내 딸이 되고자 하는 것은 선생님으로 왜냐하면 그녀가 잘하는 것이
7	My daughter will become a teacher as she is excellent at teaching.	내 딸이 되고자 하는 것은 선생님으로 왜냐하면 그녀가 잘하는 것이 가르치는 것이기 때문이다.

4. Boys stayed calm when the class began.

단계	영어문장	술술해석
1	Boys	소년들은
2	Boys stayed calm	소년들이 조용히 했고
3	Boys stayed calm when	소년들이 조용히 했고 그때
4	Boys stayed calm when the class began.	소년들이 조용히 했고 그때 수업이 시작되었다.

5. My sister-in-law looks young because she runs every morning.

단계	영어문장	술술해석
1	My sister-in-law	내 시누이는
2	My sister-in-law looks	내 시누이의 모습은
3	My sister-in-law looks young	내 시누이의 모습은 젊고
4	My sister-in-law looks young because	내 시누이의 모습은 젊고 이유는
5	My sister-in-law looks young because she	내 시누이의 모습은 젊고 이유는
6	My sister-in-law looks young because she runs	내 시누이의 모습은 젊고 이유는 그녀가 조깅을
7	My sister-in-law looks young because she runs every morning.	내 시누이의 모습은 젊고 이유는 그녀가 조깅을 매일하기 때문이다.

6. I feel good as my husband's salary goes up.

단계	영어문장	술술해석
1	I	나는
2	I feel	나의 느낌은
3	I feel good	나의 느낌은 좋고
4	I feel good as	나의 느낌은 좋고 왜냐하면
5	I feel good as my husband's salary	나의 느낌은 좋고 왜냐하면 남편의 봉급이
6	I feel good as my husband's salary goes up.	나의 느낌은 좋았고 왜냐하면 남편의 봉급이 올라가기 때문이다.

7. He sounds strange as he caught a cold.

단계	영어문장	술술해석
1	He	그는
2	He sounds	그의 소리는
3	He sounds strange	그의 소리는 이상하다.
4	He sounds strange as	그의 소리는 이상하다. 왜냐하면
5	He sounds strange as he caught	그의 소리는 이상하다. 왜냐하면 그가 걸린 것은
6	He sounds strange as he caught a cold.	그의 소리는 이상하다. 왜냐하면 그가 걸린 것은 감기이기 때문이다.

8. They hate each other as they don't agree about everything.

단계	영어문장	술술해석
1	They	그들은
2	They hate	그들이 미워하는 것은
3	They hate each other	그들이 미워하는 것은 서로서로이고
4	They hate each other as	그들이 미워하는 것은 서로서로이고 이유는
5	They hate each other as they	그들이 미워하는 것은 서로서로이고 이유는
6	They hate each other as they don't agree	그들이 미워하는 것은 서로서로이고 이유는 그들이 동의하는 것은
7	They hate each other as they don't agree about everything.	그들이 미워하는 것은 서로서로이고 이유는 그들이 동의하는 것이 아무것도 없기 때문이다.

9. The boys broke the window when they played baseball.

단계	영어문장	술술해석
1	The boys	소년들은
2	The boys broke	소년들이 깨뜨린 것은
3	The boys broke the window	소년들이 깨뜨린 것은 창문이고
4	The boys broke the window when	소년들이 깨뜨린 것은 창문이고 그때
5	The boys broke the window when they	소년들이 깨뜨린 것은 창문이고 그때 그들이
6	The boys broke the window when they played	소년들이 깨뜨린 것은 창문이고 그때 그들이 한 게임은
7	The boys broke the window when they played baseball.	소년들이 깨뜨린 것은 창문이고 그때 그들이 한 게임은 야구였다.

10. She asked him to leave before it got dark.

단계	영어문장	술술해석
1	She	그녀는
2	She asked	그녀가 요청한 것은
3	She asked him	그녀가 요청해서 그가
4	She asked him to leave	그녀가 요청해서 그가 떠났고
5	She asked him to leave before	그녀가 요청해서 그가 떠났고 그 후에
6	She asked him to leave before it got dark.	그녀가 요청해서 그가 떠났고 그 후에 어두워졌다.

11. The son heard his mom sing when he was young.

단계	영어문장	술술해석
1	The son	아들은
2	The son heard	아들이 들었던 것은
3	The son heard his mom	아들이 들었던 것은 그의 엄마가
4	The son heard his mom sing	아들이 들었던 것은 그의 엄마가 노래하는 것이었고
5	The son heard his mom sing when	아들이 들었던 것은 그의 엄마가 노래하는 것이었고 그때
6	The son heard his mom sing when he was young.	아들이 들었던 것은 그의 엄마가 노래하는 것이었고 그때 그는 어렸었다.

12. The husband expected his wife to come early, but she didn't showed up until very late.

단계	영어문장	술술해석
1	The husband	남편은
2	The husband expected	남편이 기대한 것은
3	The husband expected his wife	남편이 기대한 것은 그의 아내가
4	The husband expected his wife to come early	남편이 기대한 것은 그의 아내가 일찍 오는 것이었으나
5	The husband expected his wife to come early, but she didn't show up	남편이 기대한 것은 그의 아내가 일찍 오는 것이었으나 아내가 온 것은
6	The husband expected his wife to come early, but she didn't show up until very late.	남편이 기대한 것은 그의 아내가 일찍 오는 것이었으나 아내가 온 것은 매우 늦은 시간이었다.

가주어 연습문제 정답 163p

1. It is natural for a baby to cry all day.

단계	영어문장	술술해석
1	It is natural	자연스러운 것은
2	It is natural for a baby	자연스러운 것은 아기가
3	It is natural for a baby to cry all day.	자연스러운 것은 아기가 종일 우는 것이다.

2. It is important for him to study English.

단계	영어문장	술술해석
1	It is important	중요한 것은
2	It is important for him	중요한 것은 그가
3	It is important for him to study	중요한 것은 그가 공부해야 하는 것이
4	It is important for him to study English.	중요한 것은 그가 공부해야 하는 것이 영어라는 것이다.

3. It was fun to watch the soccer game.

단계	영어문장	술술해석
1	It was fun	재미있는 것은
2	It was fun to watch	재미있게 보았던 것은
3	It was fun to watch the soccer game.	재미있게 보았던 것은 축구게임이다.

4. It was too dark to recognize him.

단계	영어문장	술술해석
1	It was too dark	너무 어두워서
2	It was too dark to recognize	너무 어두워서 알아보지 못했던 것은
3	It was too dark to recognize him.	너무 어두워서 알아보지 못했던 것은 그 사람이었다.

5. It was difficult for her to solve the problem.

단계	영어문장	술술해석
1	It was difficult	어려워서
2	It was difficult for her	어려워서 그녀가
3	It was difficult for her to solve	어려워서 그녀가 해결할 수 없는 것은
4	It was difficult for her to solve the problem.	어려워서 그녀가 해결할 수 없는 것은 그 문제였다.

6. It is impossible for him to pass the test.

단계	영어문장	술술해석
1	It is impossible	불가능하게도
2	It is impossible for him	불가능하게도 그가
3	It is impossible for him to pass	불가능하게도 그가 통과하지 못하는 것은
4	It is impossible for him to pass the test.	불가능하게도 그가 통과하지 못하는 것은 그 시험이다.

7. It is easy to find a solution.

단계	영어문장	술술해석
1	It is easy	쉽게
2	It is easy to find	쉽게 찾을 수 있는 것은
3	It is easy to find a solution.	쉽게 찾을 수 있는 것은 해답이다.

8. It is very nice that you have helped the poor.

단계	영어문장	술술해석
1	It is very nice	아주 멋지게도
2	It is very nice that you	아주 멋지게도 당신이
3	It is very nice that you have helped	아주 멋지게도 당신이 도와 주었던 사람은
4	It is ver nice that you have helped the poor.	아주 멋지게도 당신이 도와 주었던 사람은 가난한 사람들이었다.

9. It is strange that he didn't say anything to me.

단계	영어문장	술술해석
1	It is strange	이상한 것은
2	It is strange that he	이상한 것은 그가
3	It is strange that he didn't say anything	이상한 것은 그가 아무말도
4	It is strange that he didn't say anything to me.	이상한 것은 그가 아무말도 나에게 하지 않은 것이다.

10. It is dangerous to drive on a rainy day.

단계	영어문장	술술해석
1	It is dangerous	위험한 것은
2	It is dangerous to drive	위험하게 운전해야 하는 것은
3	It is dangerous to drive on a rainy day.	위험하게 운전해야 하는 것은 비오는 날이다.

11. It is amazing to see that the spaceship entered the orbit.

단계	영어문장	술술해석
1	It is amazing	놀랍게도
2	It is amazing to see	놀랍게 본 것은
3	It is amazing to see that the spaceship entered	놀랍게 본 것은 우주선이 진입한 곳이
4	It is amazing to see that the spaceship entered the orbit.	놀랍게 본 것은 우주선이 진입한 곳이 우주궤도라는 것이다.

12. It was true that he had bought a big house.

단계	영어문장	술술해석
1	It was true	사실인 것은
2	It was true that he had bought	사실인 것은 그 사람이 구입한 것이
3	It was true that he had bought a big house.	사실인 것은 그 사람이 구입한 것이 큰 집이라는 것이다.

전치사 연습문제 정답 · 176p

1. My children run around the playground with their friends.

단계	영어문장	술술해석
1	My children	내 아이들은
2	My children run around	내 아이들이 뛰어 돌아다닌 곳은
3	My children run around the playground	내 아이들이 뛰어 돌아다닌 곳은 놀이터였고
4	My children run around the play ground with their friends.	내 아이들이 뛰어 돌아다닌 곳은 놀이터였고 그들의 친구와 함께였다.

2. My parents stay in the hospital for their illnesses.

단계	영어문장	술술해석
1	My parents	나의 부모님은
2	My parents stay in	나의 부모님이 계시는 곳은
3	My parents stay in the hospital	나의 부모님이 계시는 곳은 병원이고
4	My parents stay in the hospital for their illnesses.	나의 부모님이 계시는 곳은 병원이고 이유는 병 때문이다.

3. My parents-in-law live near my apartment in New York.

단계	영어문장	술술해석
1	My parents-in-law	나의 시부모님은
2	My parents-in-law live	나의 시부모님이 살고 있는 곳은
3	My parents-in-law live near my apartment	나의 시부모님이 살고 있는 곳은 나의 아파트 부근이고
4	My parents-in-law live near my apartment in New York.	나의 시부모님이 살고 있는 곳은 나의 아파트 부근이고 지역은 뉴욕이다.

4. Students eat lunch at the school restaurant every day.

단계	영어문장	술술해석
1	Students	학생들은
2	Students eat	학생들이 먹는 것은
3	Students eat lunch	학생들이 먹는 것은 점심으로
4	Students eat lunch at the school restaurant	학생들이 먹는 것은 점심으로 장소는 학교 식당이고
5	Students eat lunch at the school restaurant every day.	학생들이 먹는 것은 점심으로 장소는 학교 식당이고 매일이다.

5. My mom saves money for her daughter's studying abroad.

단계	영어문장	술술해석
1	My mom	나의 엄마는
2	My mom saves	나의 엄마가 모으는 것은
3	My mom saves money	나의 엄마가 모으는 것은 돈으로
4	My mom saves money for	나의 엄마가 모으는 것은 돈으로 목적은
5	My mom saves money for her daughter's studying abroad.	나의 엄마가 모은 것은 돈으로 목적은 딸의 해외유학 때문이다.

6. She pushes the cart toward the parking lot.

단계	영어문장	술술해석
1	She	그녀는
2	She pushes	그녀가 미는 것은
3	She pushes the cart	그녀가 미는 것은 카트로
4	She pushes the cart toward	그녀가 미는 것은 카트로 방향은
5	She pushes the cart toward the parking lot.	그녀가 미는 것은 카트로 방향은 주차장 쪽이었다.

7. She bought him an expensive watch at a department store.

단계	영어문장	술술해석
1	She	그녀는
2	She bought	그녀가 사준 것은
3	She bought him	그녀가 그에게 사준 것은
4	She bought him an expensive watch	그녀가 그에게 사준 것은 비싼 시계로
5	She bought him an expensive watch at a department store.	그녀가 그에게 사준 것은 비싼 시계로 장소는 백화점이었다.

8. He gave his mom some money for her trip to the U.S.

단계	영어문장	술술해석
1	He	그는
2	He gave	그가 준 것은
3	He gave his mom	그가 그의 어머니에게 드린 것은
4	He gave his mom some money	그가 그의 어머니에게 드린 것은 돈으로
5	He gave his mom some money for her trip to the U.S.	그가 그의 어머니에게 드린 것은 돈으로 목적은 어머니가 여행가는 곳이 미국이기 때문이다.

9. The president offered him a prize for his voluntary works.

단계	영어문장	술술해석
1	The president	대통령은
2	The president offered	대통령이 수여한 것은
3	The president offered him	대통령이 그에게 수여한 것은
4	The president offered him a prize	대통령이 그에게 수여한 것은 표창장으로
5	The president offered him a prize for his voluntary work.	대통령이 그에게 수여한 것은 표창장으로 목적은 그의 자원봉사를 치하하기 위해서였다.

10. He helped her finish the course for graduation.

단계	영어문장	술술해석
1	He	그가
2	He helped	그가 도와줘서
3	He helped her	그가 도와줘서 그녀가
4	He helped her finish the course	그가 도와줘서 그녀가 마친 것은 그 과정으로
5	He helped her finish the course for graduation.	그가 도와줘서 그녀가 마친 것은 그 과정으로 목적은 졸업을 위해서이다.

11. They thought him crazy because of his weird behavior.

단계	영어문장	술술해석
1	They	그들은
2	They thought	그들이 생각했던 것은
3	They thought him	그들이 생각했던 것은 그가
4	They thought him crazy	그들이 생각했던 것은 그가 미쳤다는 것이었고
5	They thought him crazy because of his weird behavior.	그들이 생각했던 것은 그가 미쳤다는 것이었고 이유는 그의 이상한 행동 때문이었다.

12. I found out my wallet stolen in the lobby.

단계	영어문장	술술해석
1	I	나는
2	I found out	내가 발견한 것은
3	I found out my wallet	내가 발견한 것은 내 지갑이
4	I found out my wallet stolen	내가 발견한 것은 내 지갑이 분실된 것이었고
5	I found out my wallet stolen in the lobby.	내가 발견한 것은 내 지갑이 분실된 것이었고 장소는 로비였다.

부정의 뜻을 가진 동사 연습문제 정답 · 183p

1. He abstains from drinking alcohol.

단계	영어문장	술술해석
1	He	그는
2	He abstains from	그가 자제해서
3	He abstains from drinking	그가 자제해서 마시지 않은 것은
4	He abstains from drinking alcohol.	그가 자제해서 마시지 않은 것은 술이다.

2. The soldier disobeyed the order to kill innocent civilians.

단계	영어문장	술술해석
1	The solider	그 군인은
2	The solider disobeyed	그 군인이 거부한 것은
3	The solider disobeyed the order	그 군인이 거부한 것은 명령으로
4	The solider disobeyed the order to kill	그 군인이 거부한 것은 명령으로 죽이지 않은 것은
5	The solider disobeyed the order to kill innocent civilians.	그 군인이 거부한 것은 명령으로 죽이지 않은 것은 무고한 시민들이었다.

3. The new law will discourage teenagers from purchasing alcohol

단계	영어문장	술술해석
1	The new law	새로운 법률은
2	The new law will discourage	새로운 법률이 억제를 해서
3	The new law will discourage teenagers	새로운 법률이 억제를 해서 10대들이
4	The new law will discourage teenagers from purchasing	새로운 법률이 억제를 해서 10대들이 구입하지 못하는 것은
5	The new law will discourage teenagers from purchasing alcohol.	새로운 법률이 억제를 해서 10대들이 구입하지 못하는 것은 주류이다.

4. The teacher stopped his student from bullying other students.

단계	영어문장	술술해석
1	The teacher	그 선생님은
2	The teacher stopped	그 선생님이 방지해서
3	The teacher stopped his student	그 선생님이 방지해서 그의 학생이
4	The teacher stopped his student from bullying	그 선생님이 방지해서 그의 학생이 괴롭히지 않도록 한 것은
5	The teacher stopped his students from bullying other students.	그 선생님이 방지해서 그의 학생이 괴롭히지 않도록 한 것은 다른 학생들이었다.

5. She refrained from criticizing her husband in front of his friends.

단계	영어문장	술술해석
1	She	그녀는
2	She refrained from	그녀가 자제해서
3	She refrained from criticizing	그녀가 자제해서 비난하지 않은 것은
4	She refrained from criticizing her husband	그녀가 자제해서 비난하지 않은 것은 남편이었으며
5	She refrain from criticizing her husband in front of his friends.	그녀가 자제해서 비난하지 않은 것은 남편이었으며 장소는 남편의 친구 앞에서였다.

6. The project will prevent flood from damaging the river.

단계	영어문장	술술해석
1	The project	그 프로젝트는
2	The project will prevent	그 프로젝트가 방지해서
3	The project will prevent flood	그 프로젝트가 방지해서 홍수가
4	The project will prevent flood from damaging	그 프로젝트가 방지해서 홍수가 피해를 입히지 않을 것은
5	The project will prevent flood from damaging the river.	그 프로젝트가 방지해서 홍수가 피해를 입히지 않을 것은 그 강이다.

7. He failed to pass the exam.

단계	영어문장	술술해석
1	He	그는
2	He failed	그가 실패해서
3	He failed to pass	그가 실패해서 통과하지 못한 것은
4	He failed to pass the exam.	그가 실패해서 통과하지 못한 것은 시험이다.

저자 김병천

- **학력**
  - 부산대학교 공과대학 토목공학과 졸업
  - 부산대학교 대학원 통역번역특별과정 수료
  - 부산대학교 국제대학원 국제통상 석사과정 졸업
  - 미국 조지워싱턴 경영행정대학원 석사과정 졸업

- **주요 경력**
  - 2002 아시안게임 조직위원회 통번역
  - 부산광역시 교육청 국제전문관, 영어기사 번역팀장
  - 부산광역시 교육연수원, 부산학부모지원센터, 경남학부모지원센터, 부산해운대도서관 학부모교육원, 대구광역시 학부모역량센터 등 다수 기관 강의
  - 대구 TBC 〈공신〉 출연
  - "영어를 한글처럼 해석" 특허 출원

- **국제교류 관련 주요 경력**
  제2 유엔사무총장 양성프로젝트, 영국문화원 Connecting Classrooms 프로젝트, 필리핀 정부와의 교육교류, 시카고 교육청과의 부산시교육청 교사파견협상, 스웨덴 고테보고시와의 교류, 영국 캔트 교육청·핀란드 교육부·싱가포르 교육부·호주 빅토리아 교육청·뉴질랜드 교육부·캐나다 PEEL 교육청·미국 NASA 교류협력

- **주요 번역 경력**
  - 제2회 부산국제영화제 번역(허우샤우시엔의 초상)
  - 〈부산교육뉴스〉 영어 번역 및 번역문 홈페이지 등록
  - 부산교육 관련 안내책자 및 동영상 번역
  - 그 외 주요 연설문 번역

- **기자단 해외취재 통역**
  - 〈부산일보〉 "입학사정관제" 미국 취재 통역, "지방대학 경쟁력 강화" 호주 취재 통역, "E프로젝트" 홍콩 취재 통역
  - KBS 〈영어교육혁명, 부산의 도전〉 미국·말레이시아 취재 통역
  - MBC 〈초등영어교육 10년〉 싱가포르 등 취재 통역

블로그
영어를 한글처럼 http://blog.daum.net/legoenglish